어떻게 빅테크가 되는가

어떻게 빅테크가 되는가
미래 주식시장의 게임체인저

오재화 지음

프롤로그

전작 '십년후 주식'이 유망한 하이테크 기업을 발굴하여, 장기간 투자하는 데 필요한 능력과 관련된 인문학적 내용임에도 불구하고, 많은 관심을 보내준 분들께 감사드린다. 2024.5월 책이 발간된 후 6개월 만에 책 표지의 로켓랩, 팔란티어 주가가 3~7배 급등하면서 많은 강연 요청을 받았지만, 죄송하게도 모두 거절했다. '십년후 주식'은 투자 교육서이지, 종목 추천 책이 아니며, 주가가 급등한 것은 운이 좋았을 뿐 주가를 맞추는 것은 불가능하기 때문이다.

주가는 매출, 사업성 같은 기업 내부 가치와 금리, 경제성장률 등 기업 외부의 시장 환경 그리고 주식시장에 참가하는 수많은 투자자의 판단이 상호작용을 하여 결정된다. 그래서 기업을 분석하기보다는 어떤 산업이 유망한지를 생각해야 하고, 미래는 현재의 연장선 위에 있기에 현재를 자세히 관찰하고 상호 연결하면 미래를 그려볼 수 있다.

어릴 적 TV에서 본 화가 밥 로스는 캔버스에 물감을 여러 개 짠 뒤 플라스틱 도구로 쓱쓱 문질러 하늘, 바다를 순식간에 그렸다. 그리고는 항상 '참 쉽죠'라는 말을 덧붙였는데, 그의 말처럼 따라 그려봐도 형체를 알 수 없는 물감 범벅일 뿐이었다. 겉으로 보기엔 쉬워 보여도 그런 경지에 오르기까지 수많은 노력과 연습이 필요하기 때문이다.

전작이 외국 기업을 대상으로 하다 보니, 언어장벽으로 정보 획득이 어렵고, 첨단기업이라 기술이나 산업을 이해하기 어렵다는 의견도 있었다. 하지만, 만약 한글로 된 자료가 많다고 해서 상황이 달라질까? 질병을 치료하는 신약 개발 기술과 로켓을 발사하는 데 필요한 공학 기술은 해당 분야에 종사하는 전문가가 아니고서는 이해할 수 없는 게 당연하다. 다행인 점은 우리는 신약을 개발하거나 로켓을 만드는 과학자가 아니므로, 고도의 전문 지식을 습득할 필요가 없다는 점이다.

자동차를 구매할 때 엔진이 얼마나 강력한지, 자동차 철판이 얼마나 견고한지를 고민하는 사람은 없다. 우리는 제품 결함으로 인한 사고는 없는지, 소비자의 불만 사항은 무엇인지, 가격과 연비는 적당한지 등을 기술자의 시각이 아닌 소비자의 관점에서 비교하면 충분하다. 하이테크 기업 분석도 이와 같다. 투자자로서 올바른 경영 철학, 좋은 기업문화, 경쟁력 있는 기술에 대해 이해하면 충분하다.

    전작이 철학, 심리학 등 인문학적 관점에서 투자를 분석하여 아쉬웠다는 의견을 반영하여, 이번에는 경영학적 관점에서 사업 모델, 산업 환경 등을 구체적으로 분석하는 법을 제시하였다. 그러나, 이 책도 투자 교육서임을 잊지 말고, 각자의 경험과 지식을 결합하여 지속적으로 투자 방법을 개선하여 자신의 캔버스에 멋진 미래를 그려나가길 희망한다.

오재화

차례

프롤로그   4

1부   빅테크

빅테크는 슈퍼히어로	13
모험과 환상의 실리콘밸리	16
천재와 괴짜 사이 스탠퍼드대학	18
쇼 미 더 머니 벤처캐피탈	21
김밥천국, 아니 창업 천국	27
기업 분석의 비밀 병기	32
엔비디아	45
마이크로소프트	56
구글	67
애플	78
테슬라	89
아마존	102
메타	112
닮은 듯 다른 빅테크의 공통점	122

2부	**신생 하이테크**	
	신생기업에도 위아래가 있다	129
1장	**달에서 화성까지 : 우주산업**	134
	스페이스엑스	148
	로켓랩	158
2장	**교통체증이여 안녕 : 도심항공산업**	170
	조비	180
	아처	184
3장	**노동에서 해방 : 로봇산업**	189
	인튜이티브 서지컬	202
	피규어	210
	로봇ETF	216
4장	**똑똑한 비서 : 인공지능산업**	221
	오픈AI	232
	팔란티어	238

3부 프론티어 테크

개척자 정신과 개척 기술   251
슈퍼 인간에 도전 : 유전자와 뇌 해독   254
뭐든지 만들어내는 요술램프 : 3D프린팅   263
울트라 슈퍼컴퓨터 : 양자컴퓨터   268
무한한 전기 생산 : 에너지 발전   276

4부 결말 : 아무도 가지 않은 길

미래로 안내하는 로드맵   285
현금 고갈은 사업 종료   289
시대를 앞서간 비운의 제품   292
찢기고 구겨져도 가치는 불변   296
단순함의 미학   299

에필로그   301

1부
빅테크

빅테크는
누구나 도전할 수 있지만
아무나 될 수는 없는,
경쟁에서 최정상을 차지한
전설적인 기업이다.

빅테크는
슈퍼히어로

슈퍼히어로 하면 누가 떠오르는가? 슈퍼맨, 원더우먼부터 아이언맨까지 세대, 성별, 취향에 따라 각자가 좋아하는 영웅은 모두 다르다. 악을 물리치고 정의를 수호한다는 점에서 모두 비슷해 보이지만, 이들은 KBS 개그콘서트와 tvN 코미디빅리그처럼 출신이 엄연히 다른 존재다.

슈퍼맨, 배트맨은 DC코믹스가 제작한 영웅으로, 현실 세계에서는 슈퍼히어로임을 숨긴 채 따돌림과 괴롭힘을 당한다. 영웅으로의 역할에 대해 고뇌하고, 어둠 속에서 자신을 희생하는 일반인과 다를 바 없는 외로운 존재로 묘사된다. 반면, 마블코믹스가 제작한 아이언맨은 화려한 언변과 매사에 자신감 넘치게 행동하는 플레이보이다. 외로움 따위는 모르고 혼자가 아닌 여러 명의 영웅과 함께 어울려 악당을 물리치고 사건 해결을 즐긴다.

　슈퍼히어로 사이에서도 구세대와 신세대가 있고 캐릭터별로 특성이 다르듯, 주식시장의 빅테크도 첨단 기술이라는 공통점을 갖고 있으나, 이들 사이에도 차이가 존재한다. 혁신적인 제품, 높은 브랜드 인지도로 시장을 압도적으로 지배하고 있지만, 1등을 모아 놓아도 1등 중의 1등이 존재하는 법이다.

　매그니피센트7이라 불리는 애플, 마이크로소프트, 엔비디아, 알파벳, 아마존, 메타, 테슬라 총 7개의 빅테크는 2023년 111%, 2024년 59%라는 경이적인 수익률을 기록했다. 우량기업을 모아 놓은 S&P500지수와 나스닥지수가 20%~40% 수익률을 기록한 것과 비교하면 얼마나 대단한 성과인지 알 수 있다.

　아직 놀라기엔 이르다. 생성형 AI가 폭발적으로 성장하자, 인공지능 사업을 영위하는 4개 기업(마이크로소프트, 엔비디아, 아마존, 메타)을 모아서 판타스틱4로 명명한다. 이들 4개 기업의 주가 상승은 매그니피센트7보다 10%p 이상 높았고, 엔비디아는 한때 애플을 넘어 시가총액 1위에 오르는 기염을 토한다.

　매그니피센트7과 판타스틱4는 영웅이 등장하는 만화 제목에서 따왔다. 매그니피센트7은 총을 잘 쏘는 명사수, 활쏘기에 능숙한 인디언, 칼 사용과 격투에 뛰어난 무술가 등 7명이 금광개발업자의 횡포에 맞서 마을을 지키는 영웅의 이야기다.

　판타스틱4는 돌덩이 몸, 투명 인간 등의 초능력을 가진 4명으

판타스틱 기업

주가	2022년	2023년	(상승률)	2024년	(상승률)
애플	130	194	49%	250	29%
마이크로소프트	240	376	57%	422	12%
엔비디아	146	50	233%	134	168%
알파벳(구글)	88	141	58%	190	35%
아마존	84	152	85%	219	44%
메타(페이스북)	120	354	195%	586	66%
테슬라	123	248	102%	404	63%
매그니피센트7	-	-	111%		59%
판타스틱4	-	-	143%		72%
S&P500	3,840	4,770	24%	5,882	23%
나스닥	10,466	15,011	43%	19,311	29%

* 볼드체 : 판타스틱4 기업

로 구성되었지만, 인기가 시들해지자, 스파이더맨 등 새로운 영웅으로 대체되면서 뉴판타스틱4로 변경된다. 시간이 흐르면 새로운 강자가 부상하고, 시대를 풍미했던 영웅은 역사의 뒤안길로 사라지는 것은 영화에서나 주식시장에서나 거스를 수 없는 원칙인가 보다.

모험과 환상의 실리콘밸리

남미 등 신대륙에서 발견된 금은 왕에게 귀속되었지만, 미국에서 발견된 금은 개인이 소유할 수 있었다. 이에, 일확천금을 꿈꾸며 전 세계에서 수십만 명이 몰려들었는데, 이들을 포티나이너스 49ers라고 불렀다. 최초로 금이 발견된 때는 1848년이었지만, 신속한 통신수단이 없어 금에 대한 소문이 퍼지고 사람이 몰려오기까지 1년의 세월이 흐르다 보니, 1849년에 사람들을 뜻하는 ers를 붙여 만들었다.

지금은 캘리포니아에 반짝이는 금광은 없지만, 많은 하이테크 기업의 본사가 있어 여전히 전 세계에서 인재와 돈이 몰려들고 있다. 창업한 회사가 상장하며 하루 만에 수천억 원의 슈퍼리치가 되고, 이들을 위한 대저택, 고급 자동차, 럭셔리한 쇼핑몰과

식당이 생겨나고, 장사가 호황을 누리며, 많은 부자의 탄생으로 아메리칸드림이 이루어지는 모험과 환상의 땅이다.

혁신의 대명사로 불리는 실리콘밸리는 팔로알토 지역에 컴퓨터, 반도체 회사가 집중적으로 생겨나면서 반도체 재료인 실리콘silicon과 계곡valley이라는 지역 특성을 결합하여 이름 붙여졌다. 2000년대 이전까지 반도체 설계와 생산의 중심지였던 실리콘밸리에서 빅테크가 탄생할 수 있었던 이유는 무엇일까?

천재와 괴짜 사이
스탠퍼드 대학

실리콘밸리가 첨단 기술 중심지로 자리매김하는 데 일등 공신은 스탠퍼드대학이다. 동부의 하버드가 법률가, 금융가 등 전통산업의 전문가를 양성하는 곳이라면, 서부의 스탠퍼드는 '자유의 바람이 불어온다'라는 설립 이념에서 보듯이, 차별이 만연했던 19세기 설립 시부터 인종, 성별과 관계없이 입학이 가능한 곳이었다.

자유와 평등 이념은 취업보다는 창업에 어울렸는데, 전자공학과 교수였던 프레더릭 터먼의 산학 연계를 계기로 전성기를 맞는다. 그는 2차 세계대전 후 국방부에서 전폭적인 연구개발비를 지원받아, 투자와 창업에 나섰는데, 대표적인 것이 컴퓨터 장비 회사인 휴렛팩커드HP였다. HP의 성공을 필두로 페어차일드 반도체, 인텔 등 백 개 이상의 반도체 관련 회사가 생겨나면서 실리콘밸리의 기반이 완성된다.

그는 한국과도 인연이 깊은데, 1960년대 한국은 공학 전문 인력을 양성하기 위해 미국에 도움을 요청한다. 그가 한국을 방문해 작성한 보고서는 훗날 카이스트 설립의 기초가 되었고, 카이스트에는 그를 기념하는 터먼홀 강당이 있다.

승승장구할 것 같던 실리콘밸리에도 위기가 찾아온다. 아시아 기업이 뛰어난 생산기술과 가격 경쟁력을 바탕으로 반도체 제조에 두각을 나타내면서, 미국 기업은 생산기지를 해외로 이전하거나, 반도체 생산은 중단하고 설계만 할 수밖에 없었다. 그러나 위기와 기회는 동전의 양면과 같아서, 일자리를 잃은 기술자들이 반도체 제조업에서 소프트웨어 개발로 옮겨간다. 그리고, 개인용 컴퓨터와 인터넷의 확산으로 야후, 이베이, 구글 같은 인터넷 기업이 등장하며 실리콘밸리는 제2의 전성기를 맞는다.

그러나, 아쉽게도 호황은 오래가지 않는다. 2000년대 닷컴버블과 글로벌 금융위기로 인터넷 기업이 파산하며 수년간 침체가 지속된다. 위기는 나약한 자들을 좌절하게 만들지만, 강한 자는 더욱 단련시키는 계기가 되는데, 불황의 기간 동안 실리콘밸리 기업은 두 가지 교훈을 깨닫게 된다. 다른 기업을 압도할 수 있는 혁신적인 기술이 있어야 한다는 것과 기술을 제품으로 완성하여 불황에도 살아남을 수 있는 사업성과 수익성을 확보해야 한다는 것이다.

그 후 테슬라, 스페이스엑스, 오픈AI 등 다양한 분야에서 최첨단 기업이 생겨나면서, 실리콘밸리는 현재 제3의 부흥을 맞고 있다. 혁신과 도전을 두려워하지 않는 젊은 창업가들이 있기에 실리콘밸리의 전성기는 여전히 현재 진행형이다.

쇼 미 더 머니
벤처캐피탈

쇼 미 더 머니 Show me the money를 들으면 누군가는 스타크래프트 게임이, 누군가는 힙합 오디션 프로그램이 떠오를 것이다. 직역하면 '돈 내놔'라는 뜻으로, 게임 도중에 입력하면 게임 속 현금이 지급되고, 오디션에서는 돈과 성공이라는 힙합 가사와 잘 어울린다. 하지만, 의역하면 '큰돈을 벌게 해줘'라는 뜻으로, 고위험 고수익의 벤처투자를 가장 잘 보여주는 표현이다.

스탠퍼드대학에서 그리 멀지 않은 샌드힐 로드는 벤처기업에는 순례자의 길로 불린다. 과거에는 모래언덕에 불과했지만, 지금은 백여 개의 벤처캐피탈이 있어, 수많은 벤처기업이 투자 유치 활동을 벌이는 곳이다. 수백억 원이 넘는 투자가 순식간에 결정되는데, 엘리베이터 피치 Elevator pitch라고 불리는 발표는 엘리베이터를 타고 가는 1분이라는 짧은 시간 동안 자신의 회사에 투자하도록 설득하는 간결하면서도 인상적인 발표를 말한다.

알리바바의 마윈은 사업 발표회에서 복잡한 수식과 기술 설명 대신 인터넷 사용이 서툴고 사람을 불신하는 중국 고객의 특성이 온라인 쇼핑사업의 가장 큰 문제라고 지적했다. 그래서, 직관적으로 이해할 수 있는 간단한 웹사이트를 만들고, 결제의 간편성과 안정성을 확보하여 문제를 해소하겠다고 제시하였다. 그 결과 5분 만에 400억 원 유치에 성공하며, 수백조 원의 기업으로 성장하는 첫 발걸음을 내디딜 수 있었다. 하지만, 이와 같은 성공 사례는 소수에 불과하고, 대부분의 기업은 투자 유치에 실패하여 생사의 갈림길에 서는 고난을 맛보기에, 순례자의 길이라는 별명이 붙여졌다.

이 길의 원조라 할 수 있는 벤처캐피탈은 클라이너 퍼킨스다. 휴렛팩커드에 근무한 경험이 있던 퍼킨스는 경영난에 처한 탠덤 컴퓨터에 투자하여 사업 규모를 확장한 후, 컴팩에 매각하며 100배가 넘는 수익을 올린다. 컴퓨터 산업에 대한 전문성을 바탕으로 인터넷 검색 앱인 넷스케이프에 투자하여 다시 100배 수익을 달성하였고, 게임 회사인 일렉트로닉 아츠, 아마존, 구글 등에 투자하며 전성기를 구가한다.

하지만, 2000년 닷컴버블이 붕괴하자, IT 기업에 대한 투자를 축소하고 대신 청정기술 기업에 투자를 확대했다. 친환경을 포함한 ESG가 본격화된 것이 2020년쯤이니 시대를 너무 앞서 나갔다. 그 결과, 투자한 기업 상당수는 친환경 시장이 형성되기도 전에 파산하여 명성에 타격을 입게 된다.

세콰이어 캐피탈은 2000년대부터 새롭게 왕좌를 차지하여 20년간 투자업계를 선도하고 있다. 엔비디아, 유튜브 등 세콰이어가 투자한 회사는 대부분 빅테크로 성장했는데, 엄밀히 말하면 빅테크로 성장할 기업에만 투자했다는 표현이 적절하다. 대부분의 벤처캐피탈은 설립 초기의 혁신적 기술을 보유한 회사에 투자하는데, 적은 돈으로 여러 기업에 투자할 수 있고, 수백 배의 수익도 달성할 수 있기 때문이다. 이러한 전략의 단점은 첨단 기술을 보유해도 시장이 미성숙하다면 제품을 판매하기도 전에 파산 위험에 직면하는 것이다.

반면, 세콰이어 캐피탈은 검증된 시장에서 새로운 사업을 시작하는 기업에 투자한다. 이 경우, 수백 배의 수익은 불가하지만, 일정 규모 이상의 기존 고객이 존재하므로 시장 미성숙 위험을 고려할 필요가 없다. 인터넷 시장의 성공을 확인한 후, 구글에 투자한 것이 좋은 예다.

하지만, 2023년 세콰이어 캐피탈은 미국, 중국, 인도 세 개의 법인으로 쪼개진다. 미중 갈등이 원인일 수도 있고, 글로벌 시대에 더 이상 국경이 무의미한 게 된 것도 원인일 수 있다. 하지만, 숨은 이유는 연이은 투자 실패에 따른 기업 이미지 악화를 막기 위해서다. 기술 결함, 제품개발 실패, 시장 미성숙 등 다양한 원인으로 벤처기업이 파산하는 것은 당연한 일로 받아들일 수 있지만, 기업이 사기임이 밝혀져 파산했다면 얘기가 다르다.

세쿼이아가 투자한 미국 가상화폐거래소 FTX는 회삿돈 수조 원을 임의로 사용하여 파산했다. 인도 핀테크 기업인 바라펫, 자동차 수리회사인 고메카닉스 등은 횡령과 회계 조작이 밝혀지면서 세쿼이아의 명성에 치명타를 날렸다.

세쿼이아 캐피탈의 빈자리는 NEA가 될 가능성이 높다. NEA는 앞서 언급한 두 투자회사의 장점만을 섞어놓은 것처럼 설립 초기 단계의 기술기업과 검증된 시장에 진입하는 신규기업에 분산 투자한다. 이러한 투자전략은 설립 초기라서 시장성을 검증할 수 없다는 이유로 투자를 거절했던 유튜브가 구글에 매각되며 엄청난 수익 기회를 놓친 뼈아픈 경험 때문이다.

NEA는 대표이사가 과거 마이크로소프트에서 근무한 경험을 살려 컴퓨터, 인터넷 위주의 IT 기업에 투자하는데, 인터넷 보안 회사인 클라우드플레어, 온라인 증권회사인 로빈후드가 대표적이다. 최근에는 생성형 AI 기업에 활발하게 투자하고 있는데, 인공지능 산업이 대세로 떠오르면서 NEA의 영향력도 확대될 것으로 예상된다.

안드레센 호로위츠도 주목해야 하는데, 자신이 창업한 회사를 성공적으로 매각하여 벤처기업의 생리를 누구보다 잘 이해하는 것이 강점이다. 안드레센은 인터넷 접속 프로그램인 넷스케이프의 창업자이며, 호로위츠는 휴렛팩커드에 2조 원에 매각한 프로그램 개발회사인 옵스웨어의 창업자다.

첫 투자 대상인 영상통화 회사 스카이프는 특허 소송 등 불확실성으로 인해 다른 벤처캐피탈이 투자를 거절한 상황이었다. 하지만, 기업을 실제로 창업한 경험을 근거로, 특허 소송은 빈번히 일어나므로 사업 피해가 크지 않을 것으로 판단하고 과감하게 투자를 결정했다. 예상은 적중했고, 2년 후 마이크로소프트에 10조 원이 넘는 가격에 매각하면서 첫 투자에서부터 잭팟을 터뜨린다. 그 후 창업에서 얻은 경험을 바탕으로 트위터, 페이스북 같은 인터넷 회사뿐만 아니라, 암호화폐거래소인 코인베이스, 디지털토큰 거래회사인 오픈시에 이르기까지 광범위한 분야에 투자하고 있다.

안드레센 호로위츠는 주로 a16z라는 약명으로 불리는데 Andreessen Horowitz의 첫 글자 a와 끝 글자 z 사이에 16개의 글자가 있기 때문이다. 하지만, IT부터 암호화폐까지 전통과 미래 산업 분야를 가리지 않고 모든 기업에 투자하는 것을 보면 투자회사의 아마존이 되려는 것처럼 보인다.

이들은 기술 낙관주의를 선언하며, 기술 오남용은 과장된 위험이며 편견에 불과하다고 지적한다. 기술이야말로 빈부격차를 비롯한 많은 사회적 문제를 해결하고, 삶의 질을 향상시킬 해결책이라고 전망한다. 이러한 주장을 뒷받침하기 위해 바이오, 핀테크 등 다양한 첨단 기술 정보와 분석을 인터넷에 게시하고 있다. 최신 기술동향을 알고 싶거나, 미래 우리 삶이 어떻게 바뀔지 궁금한 사람은 웹사이트를 방문해 보기 바란다. 웹사이트 주소는 너무 직관적이어서 잊을 수 없는 future.com이다.

김밥천국, 아니
창업 천국

실리콘밸리에서 북쪽으로 차를 타고 40분을 달리면, 사랑, 문화, 낭만의 도시라는 별칭을 가진 샌프란시스코가 나온다. 무용가인 이사도라 덩컨, 작가 마크 트웨인 등 예술가들의 안식처이자, 기성세대의 규범을 벗어나 자유와 사랑을 갈구하던 히피족의 근거지다.

수많은 영화와 노래의 배경이 된 거리에는 무지개 깃발이 화려하게 펄럭이는 모습을 볼 수 있다. 무지개는 성 소수자를 뜻하는 것으로, 레즈비언, 게이, 양성애자, 트렌스젠더의 첫 글자를 따서 LGBT로 불린다. 동성애를 숨김의 대상이 아닌 다른 취향으로서 존중하며, 음지가 아닌 양지에서 공개한다. 동성애 정치인, 레즈비언 판사, 트렌스젠더 경찰 등 사회 각 분야에서 틀림이 아닌 다름으로 인정하고 다양성을 포용하는 문화는 혁신적인 사업을 장려하는 밑거름이 된다.

이 덕분에 독특한 아이디어와 개성을 가진 천재들이 생각에만 그치지 않고, 기술이나 제품으로 실현하는 데 주저하지 않는다. 너드nerd와 긱geek은 우리말로 괴짜, 덕후 등으로 번역되는데, 영어로는 뉘앙스가 다르다. 너드가 공부밖에 모르는 꽉 막힌 사람인 반면, 긱은 특정 분야에 기술이나 능력이 뛰어난 사람을 가리킨다.

코딩으로 게임을 만들어내는 개발자, 기업 보안망을 뚫는 해커, 제품을 분해하여 새로운 제품을 만드는 튜닝 전문가 등 수많은 긱이 친구, 선배, 후배라면 어떨까? 수업 시간에, 점심시간에 일상생활 속에서 나누는 대화에서 제품개발 얘기가 자연스럽게 오가며 사업 아이디어도 실현가능하게 진전될 것이다.

제품을 만들고 싶어도 개인이 아이디어만으로 벤처캐피탈로부터 투자금을 유치하기는 쉽지 않다. 무슨 돈으로 창업 하겠냐는 회의감이 들겠지만, 여기는 창업의 천국 실리콘밸리이기에 회사를 설립하지 않고도 자금을 유치하는 게 가능하다.

크라우드 펀딩은 다수의 대중crowd으로부터 자금을 모아funding 제품을 제작하여, 투자자에게 배송하는 것을 말한다. 샌프란시스코에 있는 인디고고는 영화제작을 위한 펀딩으로 사업을 시작하여 팝송앨범 제작, 공연 및 전시회 개최로 확대했다. 이제는 모든 분야에서 누구나 사업 아이디어를 올려 제작을 할 수 있으며, 게임기 같은 IT 제품뿐 아니라 가방, 옷 등 제작 대상에 제약이 없다.

개인 투자자로부터 투자금을 모아봤자 얼마나 될까 싶지만, 바큇살이 없는 전기자전거는 모금액이 100억 원이 넘었다. 지문으로 잠금장치를 작동하고 도난방지 앱과 연동되는 첨단 기능과 미래 지향적 디자인은 남들보다 신제품을 빨리 사용하고 싶어 하는 얼리 어답터와 자신만의 개성을 중시하는 사람들의 열렬한 지지를 받았다.

이렇게 시제품 판매에 성공하면 회사를 창업해 본격적으로 사업을 해보고 싶은 마음이 들지만, 인력 채용, 경영관리, 마케팅까지 신경 써야 할 게 한둘이 아니다. 걱정하지 마시라, 여기는 바로 창업의 천국 실리콘밸리다.

벤처기업에 사업 확장을 돕는 벤처캐피탈이 있다면, 지금 막 창업한 스타트업에는 액셀러레이터가 있다. 창업의 성공과 실패를 경험해 본 전문가들이 기업경영과 관련된 모든 분야에서 노하우를 전수하고, 자동차의 가속페달처럼 사업이 본격화되도록 돕는다. 벤처캐피탈이 자금 지원에 초점을 맞춘다면, 액셀러레이터는 사업전략, 제품개발, 영업에 이르는 경영 전반을 컨설팅한다.

요즘 가장 주목을 받는 인공지능회사 오픈AI를 창립한 샘 올트먼이 회장으로 근무했던 와이 콤비네이터가 대표적이다. 숙박

공유회사 에어비앤비, 암호화폐거래소 코인베이스, 음식 배달회사 도어대쉬가 모두 와이콤비네이터의 컨설팅을 거쳤다. 컨설팅의 대가로 창업 초기 기업의 지분을 헐값으로 취득한다는 비판도 있고, 액셀러레이터를 거치지 않고도 성공한 기업이 많은 것도 사실이다.

하지만, 수많은 시행착오를 예방하고, 금융, 법률, 재무에서 폭넓은 네트워크를 활용하여 도움을 받는다면, 성공에 이르는 시간을 단축할 수 있음을 부인할 수 없다. 마치, 스탠퍼드나 버클리를 졸업해야 창업에 성공하는 것은 아니지만, 좋은 교육을 받고, 우수한 친구들과 함께 지내다 보면 성공 가능성이 높아지는 것과 같다.

마지막으로 축복이라고 표현할 정도로 맑고 따뜻한 날씨다. 실리콘밸리는 겨울에 5도, 여름에 20도 내외로 일 년 내내 온화한 봄 날씨가 이어진다. 꽃들이 만발한 숲과 공원, 호수와 바다가 주변에 있어 연구가 벽에 막히고, 복잡한 문제가 풀리지 않을 때, 가벼운 옷차림으로 기분 전환을 할 수 있다. 자연에서 야외 활동을 즐기고 새로운 경험을 하며 영감을 받으면, 문제 해결의 돌파구가 불현듯 떠오를 수도 있다.

빛이 있으면 그늘도 있는 법, 좋은 학교, 좋은 기업, 좋은 날씨로 누구나 살고 싶어 하다 보니, 집값이 천정부지로 솟구치면서 도심을 떠나 외곽으로 이주할 수밖에 없다. 설상가상 코로나로 인한 재택근무가 장기화하면서 도심의 오피스를 폐쇄하고, 비슷한 날씨에 임대료는 저렴한 텍사스 오스틴, 플로리다 마이애미로 본사를 이전하는 기업과 투자회사도 생겨났다. 도시는 개인과 기업이 사라지면서 식당, 쇼핑몰도 문을 닫았고, 이렇게 비워진 공간은 노숙자와 마약중독자의 차지가 되어 범죄도 증가했다.

하지만, 코로나가 끝나고 관광객이 돌아오자, 식당과 상점이 문을 열었으며, 타지역으로 이전했던 기업도 돌아오기 시작한다. 임대료는 저렴했지만, 그곳에서는 최고의 인력을 구하기 어려웠고, 비즈니스 미팅을 하고, 회의에 참석하기 위해서는 실리콘밸리로 다시 와야 했기 때문이다.

결국 실리콘밸리의 경쟁력은 최고의 인력, 우수한 벤처기업, 전문적인 투자회사라는 사업 인프라와 사람을 연결하는 인적 네트워크다. 햇살이 내리쬐는 오후 카페에서 사업 이야기를 하고 있을 때, 대화에 끼어든 옆자리 아저씨가 어쩌면 억만장자 창업가일지도 모르는 그런 상황 말이다.

기업 분석의
비밀 병기

⋮

　1미터가 넘는 거대한 참치를 해체할 때는 날이 잘 선 날카로운 칼로만 하지 않는다. 단단한 머리와 꼬리는 두꺼운 칼 위에 망치를 내리쳐서 잘라내고, 뾰족한 칼로 뼈와 살을 분리한다. 큼지막한 살덩어리를 부위별로 자를 때는 무사들이 사용할 법한 긴 칼로 잘라내고, 껍질을 분리해서 먹기 좋은 크기로 썰어낼 때는 날이 잘 선 칼을 사용한다. 뭉툭하고, 짧고, 길고, 날카롭고... 용도에 따라 여러 종류의 칼이 모두 쓰임새가 있다.

　기업을 분석하는 것도 다르지 않다. 하나의 제품이 탄생하기까지는 전략 수립, 기술개발, 제품생산, 마케팅, 재무관리 등 수많은 부서가 유기적으로 협력해야 한다. 기술에 가중치를 두어 기술개발 단계만 점검하거나, 성장성에 초점을 맞춰 시장 규모와 경쟁사만 분석하거나, 이윤 창출 관점에서 경영 성과와 재무 상황만 분석해서는 기업 전체를 이해할 수 없다.

참치를 먹을 때 어떻게 손질하고, 조리법이 무엇인지를 학습하고 먹지는 않는다. 어느 부위가 맛있는지, 어느 식당이 가성비가 좋은지를 알면 식사를 즐길 수 있는데, 우리는 요리사가 아닌 소비자이기 때문이다. 마찬가지로, 기업을 분석할 때 제조 과정에서의 불량률, 비용 절감 방안 등을 세세하게 분석할 필요는 없다. 우리는 경영자가 아닌 투자자이기 때문에, 기업이 추구하는 사업 목표를 이해하고, 기술개발이 어느 단계에 있으며, 제품으로 상용화되기까지 얼마나 소요될지를 알면 되는 것이다. 이를 위해서는 경영자, 기술, 사업구조, 재무, 외부 환경을 연결하여, 종합적으로 분석하는 능력이 필요하다.

01 사람이 중심이다.

제일 먼저 살펴봐야 하는 것은 경영자. 하이테크 기업 분석이라면서 왜 첨단 기술이 아닌 사람을 분석해야 하는지 의아한 생각이 들 것이다. 단언컨대 십년 후, 백년 후에도, 첨단 기술 기업 분석에서 가장 중요한 판단기준은 사람이다. 기술이 아무리 발전하더라도 목적은 인간의 삶을 풍요롭고 편리하게 하는 것이므로,

기술을 만드는 직원과 기술을 사용하는 고객 모두를 중요하게 여기는, 경영의 중심에 사람이 있는 기업이 좋은 기업이다.

회사는 직원이 최선의 환경에서 최고의 능력을 발휘하도록 만들어야 한다. 직원이 행복해야 좋은 제품을 만들고, 좋은 제품은 고객을 만족시킨다. 그런 근무 환경을 만드는 사람이 바로 창업자다. 그래서 창업자가 어떤 환경에서 성장해 왔는지, 무슨 계기로 회사를 창업하게 됐는지, 어떤 경영철학과 기업문화를 가졌는지를 살펴보면 기업의 미래를 예상할 수 있다. 세상에 존재하지 않는 첨단 기술을 만드는 것도, 결국 사람이기 때문이다.

02 기술의 혁신성

두 번째 기준은 기술이다. 지금은 세계 최고의 기업이 된 애플도 사업 초기에는 비싼 가격으로 인해 개인용컴퓨터 판매가 부진하여 파산 위험을 겪었다. 엔비디아도 당시 대기업인 인텔과 경쟁하며 언제 망해도 이상하지 않을 위기를 겪었다. 하지만, 위기에서 회사를 구해낸 건 비용 절감이 아니라, 지속적으로 투자하며 적당함에 타협하지 않는 기술개발이었다.

벤츠는 세계 최초로 자동차를 개발했지만, 사람들은 생소한 엔진 기관을 신뢰할 수 없어 여전히 말이 끄는 마차를 선호했다.

어느 날, 그의 아내가 차를 몰고 100km가 넘는 고향에 다녀오며 최초의 장거리 자동차 여행에 성공했다는 사실이 알려졌다. 장거리 이동 가능성이 입증되자, 차를 몰고 교외로 여행을 가는 사람이 늘어나게 되면서 자동차는 날개 돋친 듯 팔리게 된다.

빅테크는 모두 경쟁사와 차별화되는 압도적인 기술력을 보유했다. 애플은 자판이 필요 없고, mp3 플레이어, 디지털카메라를 모두 통합한 스마트폰을 개발하면서 노키아, 모토로라를 물리쳤다. 구글은 중요하고 신뢰도가 높은 자료부터 보여주는 알고리즘을 통해 검색시장을 선점한 야후를 따돌렸다. 엔비디아는 그래픽을 중앙처리장치CPU에서 독립시켜 단순 계산을 병렬로 빠르게 처리하는 그래픽처리장치GPU를 만들어 최강의 반도체 회사로 올라섰다.

자동차, 컴퓨터, 스마트폰이 최초로 등장했을 때처럼 초기에는 기술이 생소하고, 제품 사용이 익숙지 않아 판매에 어려움을 겪을 수 있다. 그러나, 고객에게 편리하고 유용한 혁신적인 기술과 제품을 만들면, 유행을 앞서가는 제품에서 시대를 대표하는 주류로 급성장한다. 그래서, 중요한 것은 판매 전략이 아닌 경쟁사를 압도하는 기술이다.

03 사업구조 다각화

아무리 혁신적인 제품이라도 시간이 지나면 구형이 되고, 신제품에 의해 시장에서 밀려나는 출시-유행-퇴출을 반복한다. 따라서, 모든 기업은 특정 제품의 유행 주기에 경영 실적이 좌우되지 않고 지속적으로 성장하기 위해 다양한 사업을 펼친다. 그래야만, 한 분야가 부진하더라도 다른 사업에서 손실을 만회하고, 흥행 중인 사업에서 차세대 사업 개발을 위한 자금을 마련할 수 있다. 애플은 아이폰의 성공을 바탕으로 아이패드, 아이팟을 연달아 출시하며 IT기기 그룹을 구성하고 상호연동 환경을 만든다. 아이폰 이용자는 당연히 아이팟도 이용하게 만들어 고객 충성도를 높이고, 경쟁자의 진입도 막는 해자를 구축한다.

기업은 수평적, 수직적, 전방위적으로 사업을 다각화하는데, 고정된 방식이 아니라 기술이나 고객 선호도에 따라 지속적으로 변한다. 비슷한 분야로 사업을 확장하는 수평적 다각화는 마이크로소프트가 대표적이다. 컴퓨터 운영체제인 윈도우와 워드·엑셀·파워포인트 등 소프트웨어 개발로 벌어들인 수익을 기반으로 게임, 클라우드, 인공지능 같은 차세대 사업을 집중적으로 육성하여 제품 수명주기가 짧은 IT분야에서 수십 년간 정상을 유지하고 있다.

원재료부터 완성품까지 제조 공정의 각 단계를 통합하는 수직적 다각화는 테슬라를 보면 알 수 있다. 기존의 자동차는 십만 개가 넘는 부품을 하청업체로부터 납품받아 조립하므로, 제조 공정이 복잡하고 제조 비용이 많이 들었다. 반면, 테슬라는 주요 부품을 직접 제조하여 부품을 수만 개로 축소하여 비용을 절감한다. 자동차의 모든 전자부품을 제어하는 통합 프로그램을 자체 제작하여, 소프트웨어를 업데이트하는 것만으로도 자동차 성능을 높일 수 있다. 또한, 미국의 전기차 충전 방식으로 테슬라가 지정되면서 다른 자동차 제조회사도 테슬라에 비용을 지불하고 충전기를 공유하게 되어, 자동차 판매 후에도 지속적인 수익 창출이 가능하다.

전방위로 사업다각화를 추진하는 대표적인 회사인 구글에는 백 개가 넘는 사업 분야와 수십 개의 자회사가 있다. 웨이모는 자율주행 택시를 만들어 샌프란시스코에서 운행 중이며, 이세돌과 바둑 대결을 벌였던 인공지능회사 딥마인드는 생성형 AI를 출시했다. 네스트는 CCTV, 도어락, 경보기 같은 집 안의 가전제품을 사물인터넷으로 연결하여 제어한다. 유튜브는 동영상을 제공하며 X는 청정에너지, 달 탐사 등 미래 사회에 필요한 프로젝트를 수행한다.

미래에 자율주행차로 사무실에 가서, 인공지능으로 보고서를 작성하고, 증강현실에서 제품을 시뮬레이션하고, 여가 시간에 동영상을 시청하는 우리의 모든 일상생활이 구글의 사업 분야인 것이다.

04 재무

회사 경영에 가장 필요한 두 가지를 꼽으라면 사람과 돈이다. 그런데 사람은 중요한 요소라 첫 번째 평가 기준이 되었는데, 왜 돈은 두 번째가 아닌 네 번째로 제시했는지 의문이 생길 것이다. 빅테크는 매년 막대한 매출로 순이익이 수조 원을 넘고, 보유 중인 현금만 수십조에 이를 정도로 재무 상황이 탄탄하여 재무위험 분석의 중요성이 낮다.

한편, 신생 하이테크 기업은 제품이 없거나, 시장 미성숙으로 인해 매출이 미미한 수준이다. 지속적인 인건비와 연구개발비로 대규모 적자인 경우가 많아, 미래가치를 현재의 부실한 재무 상황으로 분석하는 것은 의미가 없다. 즉, 빅테크나 하이테크 기업 모두 일반회사와 달리 기술이나 사업구조가 현재의 재무 상황보다 더 중요하다. 그렇다고 하더라도, 재무를 완전히 무시해서는 안 되며 다음 사항은 반드시 확인해야 한다.

우선, 사업 부문별 매출 규모다. 매년 안정적인 매출을 달성하더라도 신규사업 분야에서 매출이 부진한지 살펴봐야 한다. 매출이 회사의 전통 사업 분야에서 주로 발생한다면 당장은 안정적이지만, 제품의 수명이 다하고 유행이 바뀌면 매출 하락을 피할 수 없다. 사업 부문별로 안정적인 매출을 기록하거나, 매출의 중심이 신규사업으로 옮겨가는 형태가 가장 이상적이다. 신생 하이테크 기업은 매출 규모 못지않게 매출성장률이 중요하다. 시장이 미성숙할 때는 매출이 적은 게 당연하나, 시간이 지나 시장 규모가 커지면 매출이 큰 폭으로 확대되어야 한다.

다음으로 영업이익을 확인해야 한다. 매출총이익, 순이익 등 여러 이익 중에서 영업이익에 주목해야 하는 이유는 회사 본연의 사업 활동으로 벌어들인 수익을 가장 잘 나타내기 때문이다. 영업이익은 매출액에서 제품 제조에 들어간 매출원가와 경영에 관련된 관리비와 판매비를 뺀 금액으로 산정하는데, 규모도 중요하지만, 이익률도 중요하다. 박리다매로 많이 파는 것보다는 적게 팔더라도 높은 수익으로 파는 것이 중요하다. 이익률이 높다는 것은 제품의 품질, 기술이 우수하여 회사가 가격 결정력을 갖고 있다는 뜻이다. 고부가가치 제품을 보유하면 시장이 성숙할 때 판매가 본격화되면서 이익이 급증한다.

보유 현금도 중요하다. 빅테크는 매년 이익이 누적되어 여유자금이 풍부하지만, 신생 하이테크는 수입은 미미한데, 인건비와 연구개발비는 지속적으로 필요하다 보니, 항상 자금 부족에 시달린다. 기술에서 진척이 있으면 유상증자를 통해 추가 자금을 확보할 수 있으나, 자금조달에 실패하는 순간 파산에 직면하게 된다.

부채도 중요하다. 투자 유치가 불가능할 때 최후의 수단이 은행에서 대출받거나 채권을 발행하는 것이다. 신생 하이테크는 담보로 제공할 수 있는 자산이 마땅치 않고, 부도 위험이 크므로 이자율이 높을 수밖에 없다. 대출을 통해 당장의 운영자금은 마련할 수 있지만, 높은 이자율은 부실한 재무 상황을 더욱 악화시킨다.

그 외 PER, PBR, PSR 등은 알면 좋지만, 몰라도 상관없다. 수백만 명의 운전자 중에서 자동차 엔진의 구조와 부품에 대해서 아는 사람은 거의 없지만, 운전하는 데 아무런 지장이 없다. 이러한 재무비율은 회사의 이익, 자산, 매출과 비교하여 현재 주가의 고평가 여부를 평가하는 도구다. 미래 이익이 급증할 것으로 전망되는 기업은 주가수익비율인 PER가 수백 배를 넘어도 주가는 계속 오르지만, 사양산업에 속한 기업은 PER가 낮아도 주가는 상승하지 않는다. 신생 하이테크 기업은 현재의 재무 상황이 아닌 미래의 재무 상황에 대한 기대와 예측이 반영되어 주가가 결정되므로, 재무비율의 영향력은 미미하다.

05 외부 환경

지금까지 살펴본 지표는 회사의 노력으로 개선이 가능한 반면,

외부 환경은 기업이 통제할 수 없는 운의 영역으로서, 대표적인 것이 정부 정책이다. 바이든 정부 때는 친환경 정책에 따라 태양열, 풍력 등 그린 에너지 산업이 혜택을 받았다. 보조금을 지원하고, 세금을 감소시키고, 인허가를 편리하게 하는 방식으로 산업이 급성장했다.

반면 규제는 사업 추진을 막는 악재로 작용하는데, 빅테크에 대한 규제가 대표적이다. 빅테크는 차세대 성장동력을 확보하거나 사업다각화를 위해 유망한 기업을 합병하면서 성장해 왔다. 그러나 빅테크의 영향력 확대를 우려하여 독과점을 이유로 합병에 제동이 걸리는 사례가 늘어나고 있는데, 엔비디아가 영국의 반도체 설계회사인 ARM 인수를 철회한 이유도 규제 때문이다.

ARM은 반도체 설계 전문회사로, 특정 고객사에 종속되지 않고 삼성전자, 애플 등 거의 모든 회사와 거래하여 반도체의 스위스라고 불린다. 만약 엔비디아가 ARM을 인수하면 다른 반도체 회사에 설계를 미제공하거나, 설계도가 유출되는 보안 문제가 우려되면서 합병이 불허되었다. 빅테크의 독과점 우려로 합병이 좌절되는 사례는 흔히 발생한다. 마이크로소프트도 블리자드 게임 회사를 인수할 때 독과점 소송에서 승소하여 힘겹게 합병할 수 있었다. 게임시장의 혁신이 위축되고, 이용자의 다양한 선택권이 제한되리라는 것이 표면적 이유였다. 하지만, 소프트웨어와 게임은 직접 연관이 없어 설득력이 떨어지며, 실제 이유는 클라우드 시장의 높은 지배력이 게임 독점으로 이어질 거라는 우려 때문이다.

이제는 합병 거부를 넘어 빅테크 자체에 대한 규제도 강화되는 추세다. 빅테크 기업이 막대한 수익을 벌면서 페이퍼컴퍼니를 통해 낮은 세금을 내거나, 높은 시장지배력으로 끼워팔기를 통해 경쟁사의 진입을 막아 소비자의 선택권을 박탈하면서 소비자의 거부감을 불러일으키고 있다. 그러다 보니, 불공정 행위를 근거로 빅테크를 사업 부문별로 분할해야 한다는 목소리도 나온다.

특허분쟁도 마찬가지다. 기술 중복이 많고, 개발자의 이직이 잦은 빅테크에 특허분쟁은 일상과도 같다. 애플은 지금까지 2천 건이 넘는 특허 소송의 원고이자 피고였다. 때로는 승소해서 배상금을 받아내기도 하였지만, 혈중 산소 측정 기능이 포함된 스마트워치의 경우 특허침해가 인정되어 판매가 중단되기도 했다. 수백조 원의 현금을 쌓아놓고 있는 애플에는 소송료와 배상금, 판매금지 피해가 미미하겠지만, 신생 하이테크 기업에는 치명타가 될 수 있다.

구글어스는 여행을 좋아하는 사람에게 꿈만 같은 서비스다. 마우스를 클릭하는 것만으로 뉴욕의 자유의 여신상, 파리의 에펠탑, 로마의 콜로세움을 생생하게 볼 수 있다. 지도로는 표현되지 않는 주변 풍경도 항공 사진을 통해 확인할 수 있어, 여행을 가기 전 구글어스에서 호텔과 관광지를 검색하며 일정을 계획하는 것이 당연해졌다.

그러나, 구글어스보다 십년이나 앞서 위성사진 지도를 개발한 곳은 독일의 벤처기업이었다. 위성사진을 구하는 것도 쉽지 않았지만, 지구 전체의 위성사진을 확대, 축소하며 상세히 보여주기 위해서 방대한 데이터를 빠르게 처리하는 기술도 없었다. 인터넷조차 개발이 진행 중이던 1990년대라서 막대한 비용과 기술적 한계로 인해 모두가 불가능하다고 여겼다.

각고의 노력 끝에 벤처회사는 결국 개발에 성공했지만, 사업화 방안은 알지 못했다. 이때, 프로그램 개발을 하며 많은 얘기를 나눴던 미국인이 알고리즘을 도용하여 동일한 프로그램을 개발한다. 벤처회사가 이의를 제기하자, 오히려 수억 원에 특허를 판매할 것을 종용한다. 벤처회사가 이를 거절하자, 인터넷에 프로그램을 무료로 공개해 버린다.

벤처회사는 특허 소송을 제기하고, 양사가 개발한 프로그램 코딩의 유사성이 밝혀진다. 하지만, 막강한 변호인단을 선임한 상대방에게 유리한 판결이 나고, 소송 비용을 감당할 수 없던 벤처기업은 역사의 뒤안길로 사라지고 만다. 비즈니스 세계에서는 항상 정의가 승리하지는 않으며, 외부 환경으로 인해 파산할 수 있다는 냉혹한 현실을 보여준다. 구글어스 특허 소송의 진실에 대해 더 알고 싶다면 넷플릭스 드라마인 빌리언 달러 코드를 시청해 보기 바란다.

자, 이제 다섯 가지 평가 기준이 마련되었으니, 본격적으로 빅테크를 분석해 보자.

엔비디아

01 경영진

검은 가죽 재킷에 검은 부츠, 170cm의 작은 키에도 불구하고 확신과 자신감으로 가득 찬 표정으로 신제품을 소개하고, 사업전략을 발표하는 그를 볼 때면 미래에서 온 터미네이터가 떠오른다. 61세의 젠슨 황은 대만에서 태어났으나 교육열이 높은 부모 덕분에 삼촌이 살고 있던 미국 켄터키주로 건너와 초등학교에 다닌다. 그 후 부모도 이민을 오면서 포틀랜드에서 학창 시절을 보낸다.

대부분의 이민 가정이 그러하듯 경제 상황이 여유롭지 않아, 청소년 시절부터 식당에서 청소 아르바이트를 했고, 인종차별로 불량 청소년 시절을 겪기도 한다. 하지만, 영어를 전혀 할 줄 몰랐던 어머니가 이민자로서 느꼈던 가난과 외로움을 누구보다 잘 알기에 가정을 일으켜 세우겠다는 목표를 세운다. 뒤늦게 학업에 매진하여 오리건 주립대와 스탠퍼드 대학원에서 전기공학을 전공하고, AMD 등 반도체 회사에서 근무한다. 게임광이었던 그는 제대로 된 게임용 그래픽카드가 없다는 것을 발견하고, 선마이크로시스템스에서 일하던 친구들과 직접 창업에 나선다.

하지만, 제품개발은 쉽지 않았고, 어렵게 개발에 성공한 후에도 판매가 신통치 않았다. 그는 연봉을 1달러로 삭감하면서 기술개발을 지속했고, 인공지능 연구자들의 GPU 소프트웨어에 대한 호평이 이어지면서 파산 위기를 극복할 수 있었다. 이때의 경험으로 그는 언제든 회사가 파산할 수 있다는 것을 느꼈고, 그런 불상사를 막기 위해서는 직원과의 팀워크가 무엇보다 중요하다는 것을 깨닫게 된다. 지금도 그는 회사를 돌아다니며 직원들과 스스럼없이 어울리고, 수천 명이 넘는 직원의 이름을 기억한다.

엔비디아의 사업은 게임에서 시작했지만, 암호화폐, 인공지능, 디지털 세계까지 미래 첨단분야로 계속 진화 중이다. 이런 회사의 전략을 반영하듯 본사인 엔데버와 보이저는 건물 명칭뿐 아니라, 외형도 우주선을 닮았다. 내부는 엔비디아의 초기 제품인 3D 그래픽 구현에 사용되는 삼각형이 바닥, 천장 창문에 다양하게 배치되어 있다.

그는 팔에 회사 로고를 새길 정도로 문신과 가죽 재킷을 사랑하며, 회사도 자유로운 분위기로 경영한다. 그러다 보니 직원의 충성도가 높고, 미국 IT회사로는 드물게 직원의 재직기간이 길다. 이민자로서 멸시받던 그가, 부러움을 뜻하는 invidia에서 이름을 따서 지은 엔비디아는, 이제 모두가 부러워하는 회사가 되었다.

02 기술

엔비디아는 중앙 연산장치CPU에서 담당하던 그래픽 처리를, 병렬 연산장치GPU로 독립시켰다. GPU는 게임, 암호화폐 채굴에서 CPU와 공동 주연이었지만, 인공지능이 본격화되면서 CPU를 넘어 단독 주인공으로 올라선다. 이제는 빠른 연산뿐만 아니라, 글자를 입력하면 이미지, 동영상으로 변환하고, 데이터 구조를 분석하여 새로운 데이터를 산출하는 것이 중요해졌기 때문이다. 사용 분야도 IT기업에서 제조업, 유통업, 로봇업, 제약업까지 산업 전반으로 확산하고 있다.

지금까지는 엔비디아의 데이터 연산, 변환 능력에 주목했지만, 앞으로 주목해야 하는 기술은 디지털 시뮬레이션 플랫폼이다. 온라인에 현실 세계와 동일한 디지털 트윈 세상을 구성하고,

게임을 하듯이 기계를 설치하고, 제품을 생산하며, 로봇을 배치해 볼 수 있다. 수조 원이 소요되는 대규모 시설투자에 앞서 시뮬레이션을 통해 몇 대의 기계가 필요하고, 어떻게 배치해야 생산 효율이 높은지 테스트 환경을 제공한다. 실제로 BMW는 엔비디아의 시뮬레이션 플랫폼을 활용하여, 직원이 수십 명에 불과한 자동차 공장을 건립했다.

시뮬레이션을 처리하기 위해서는 수조 원에 달하는 GPU가 필요하다 보니, 엔비디아는 자체 자금으로 플랫폼을 구축하고, 고객사는 월 구독료를 내고 이용하는 사업을 개시했다. 마이크로소프트처럼 대형 클라우드 회사와 오라클 같은 소프트웨어 회사도 파트너로 참여하여 하드웨어와 소프트웨어 모두 최강의 드림팀을 구성하여, 제조업 공장 구축에 막대한 파급력이 예상된다.

하지만, 고성능 GPU보다 더 무서운 비밀 병기는 엔비디아가 개발한 코딩 프로그램이다. 대부분의 인공지능 개발자는 10년 넘게 엔비디아 코딩도구만 사용하여 개발 환경이 익숙하고, 참조할 만한 다른 개발자의 코딩도 풍부하여 다른 프로그램 사용을 꺼린다.

엔비디아의 코딩이 대세가 된 것은 십여 년 전 대규모 이미지 인식 대회에서 딥러닝의 아버지로 불리는 제프리 힌튼 교수의 토론토대학이 압도적인 정확도로 우승하면서부터다. 이전까지는 인간이 모든 규칙을 지정해야 인공지능이 학습할 수 있다고 여겼다. 하지만, 토론토대학이 엔비디아의 코딩도구와 그래픽카드를 사용하여 대략 학습시키면, 나머지는 인공지능이 스스로 학습할 수 있음을 우승으로 증명한다. 그 이후, 이들의 개발 방식을 모방한 다양한 딥러닝 기법이 활발히 연구되고, 그 과정에서 엔비디아의 코딩도구는 인공지능 개발을 위한 필수품으로 자리 잡게 된 것이다. 힌튼 교수의 이러한 업적은 2024년 노벨 물리학상 수상이라는 영광으로 결실을 보았다.

03 사업

골드러시에서 부자가 된 사람은 황금을 채굴한 사업자가 아니다. 금광을 발견할 확률은 0.1%도 되지 않아 대부분의 사람은 황금을 구경조차 못 하거나, 운이 좋아 금을 발견하더라도 채굴 비용을 생각하면 손실인 경우가 많았다. 반면, 삽과 곡괭이 판매자는 호황을 누렸는데, 금광 발견의 성공 여부에 상관없이 모든 사람에게 채굴 장비는 필수였기 때문이다.

 엔비디아의 목표는 많은 분야에서 방대한 사업을 하는 것이 아닌, 그래픽 장치GPU 한 분야에서 최고가 되는 것이다. 기존 컴퓨터 연산장치CPU가 한곳에서 복잡한 연산을 차례대로 하는 반면, 엔비디아 GPU는 단순 계산을 동시에 병렬로 빠르게 하는 데 초점을 맞췄다. GPU는 게임사용자의 움직임에 따라 배경이 순식간에 바뀌어야 하는 3D 롤 플레이 게임에 필수였다. 하지만, 엔비디아의 제품 성능은 우수하지만, 가격이 비쌌고, 다른 부품과 호환도 원활하지 않다 보니, 야심 차게 개발한 GPU에 대한 시장 반응이 미미했다.

엔비디아는 GPU에 적합한 소프트웨어를 개발하여, 그래픽뿐만 아니라 모든 데이터를 동시에 병렬로 계산할 수 있게 했다. 그리고 소프트웨어를 무료로 배포하여, 개발자들이 편리하게 자신에게 적합한 인공지능 프로그램을 개발할 수 있게 만든 것이 신의 한 수였다. 인텔 같은 경쟁사가 유사한 성능의 GPU를 만들어도, 엔비디아의 소프트웨어를 사용하는 개발자는 제품을 바꾸려 하지 않기 때문이다.

엔비디아의 사업 중심이 게임에서, 암호화폐를 거쳐 인공지능으로 옮겨 온 것은 투자 내역에도 잘 나타난다. 1천억 원을 투자한 리커전 파마슈티컬은 현미경으로 관찰한 세포 사진을 인공지능이 학습해서 세포 활동의 변화를 분석하여 신약을 개발하는 회사다. 신약 개발은 수백 개의 후보물질을 탐색하고, 이를 결합하여 수십 개의 후보물질을 만들고, 치료 효과가 좋은 최종 신약을 만드는 과정이다. 최소 수년간 수천억 원을 투입해야 하는 장기간의 프로젝트인데, 인공지능을 활용하면 수개월 만에 끝낼 수 있다.

투자 중인 사운드하운드 AI는 회사명에서 보듯이 음성인식 인공지능 회사다. 지금도 통신사의 음성인식 스피커를 통해 TV를 켜거나, 노래를 틀어주는 것이 가능하지만, 음성을 잘못 인식하여 엉뚱한 음악을 플레이하는 오류가 많다. 이때, 인공지능을 활용하면 발음상의 소리와 화자의 의미를 동시에 분석하여 오류를 줄일 수 있다.

예를 들어 '지난주 1박니이 트러줘'라고 얘기를 하더라도, 인공지능은 지난주와 트러줘를 추측하여 TV 프로그램이라는 것을 파악한다. 1박니이와 유사한 발음의 프로그램 중에서 과거 시청 기록, 프로그램 인기도 등을 종합하여 1박2일을 보여주는 것이다. 음성인식의 정확성이 향상되면 더 이상 손가락으로 문자를 입력할 필요가 없다. 말로서 메시지를 보내고, 이메일을 귀로 듣고 말로 보낼 수 있다. 그래서, 미래의 스마트폰은 지금처럼 자판에 입력하는 형태가 아닌 음성인식이 보편화될 것이다.

다른 투자회사인 투심플은 자율주행 트럭 개발회사다. 테슬라도 완전 자율주행을 못 하는데 트럭이 가능할까 싶지만, 도심을 운행하는 자동차보다 도시를 연결하는 트럭이 기술의 난이도, 경제적 효과 측면에서 더 빨리 자율주행이 도입될 가능성이 높다.

우선, 우호적인 교통 환경이다. 도심은 자동차, 오토바이, 자전거같이 교통수단이 혼잡하고, 보행자가 갑자기 출몰할 위험이 있다. 반면, 도시를 연결하는 고속도로는 보행자, 신호등이 없고, 심야에는 운행차량도 적어 교통사고 위험이 낮다. 또한 운송비용 절감이라는 가시적인 효과가 유인책으로 작용한다. 미국은 교통법규상 트럭 운전사가 11시간 이상 연속 운전이 금지된다. 따라서, 긴급 배송의 경우 두 명의 운전사가 탑승하여 교대로 운전하여 비용이 커지는데, 자율주행은 쉬지 않고 주행이 가능하므로 운송비를 절감할 수 있다.

또 다른 투자회사 중에는 국내 투자자에게도 익숙한 회사인 나녹스도 있다. SK텔레콤도 투자한 나녹스는 엑스레이로 사진을 촬영하여 3D 디지털영상을 만드는 회사다. 그러나 2020년 나스닥 상장 시 기술만 보유하고, 제대로 된 제품이 없었다. 이에, 수소 트럭을 언덕에서 굴려 주행 영상을 조작했던 니콜라처럼, 나녹스도 엑스레이 촬영 영상을 조작했다는 공매도 리포트가 발간되면서 주가가 급락했다.

하지만, 2023년 나녹스의 엑스레이가 미국 식약청으로부터 판매 승인을 받으며 제품 상용화에 성공한 후, 엔비디아의 인공지능 기술을 엑스레이 영상 분석에 활용하여 질병 진단의 정확성과 전문성 향상을 꾀하고 있다. 엑스레이, CT, 초음파 등 병원 검사 데이터의 대부분이 사진이나 영상으로 저장되는 점을 고려하면, 인공지능이 영상 분석에서 두각을 나타낼 경우, 엔비디아는 생명공학에서도 신기원을 이루게 될 것이다.

04 재무

불과 몇 년 전만 해도 엔비디아는 게임용 그래픽카드를 잘 만드는 우량기업이었지만, 인공지능 산업이 본격화되면서 2024년에는 애플과 마이크로소프트를 제치고 세계 1위에 오르는 기염을 토한다. 지금은 애플에 다시 1위를 내줬지만, 공급이 수요를 못 따라가는 호황 덕분에 그야말로 제품 가격은 부르는 게 값이 되어버렸고, 돈이 있어도 수개월을 기다려야 제품을 받을 수 있는 상황이 계속되고 있다.

2022년만 하더라도, 인공지능용 데이터센터 반도체 수입은 전체 매출의 절반 이하인 17조 원에 불과했다. 그러나 불과 2년 만인 2024년에는 4배로 급증한 66조 원을 기록하며, 총매출의 80% 비중을 차지하는 핵심사업으로 부상했다.

구분(단위 : 조원)	2022년	2023년	2024년
매출	38	38	85
데이터센터	17	21	66
게임	21	17	20
영업이익	14	6	46
(영업이익률)	37%	16%	54%
순이익	14	6	42
(순이익률)	36%	16%	49%

더욱 놀라운 것은 일반적인 반도체 제조회사의 순이익률이 10% 내외인데 반해, 엔비디아는 무려 50%에 육박한다는 점이다. 그럼에도 불구하고, 제품 품귀로 인해 중고 시장에서 판매가격이 신제품보다 높게 거래되는 기현상도 발생하고 있다.

05 외부 환경

엔비디아에 장밋빛 미래만 있는 것은 아니다. 엔비디아의 영향력이 확대될수록, 의존성을 벗어나 독립하려는 시도가 곳곳에서 발견되는데, 생성형 인공지능의 선두 주자인 오픈AI가 대표적이다. 인공지능 개발에 우위를 점하기 위해 막대한 GPU가 필요하지만, 생산이 수요를 못 따라가는 상황이 수년째 지속되고 있다. 반도체 부족 문제를 근본적으로 해결하기 위해 오픈AI는 개발에만 머무르지 않고, 반도체 제조회사 설립을 추진 중이다. 물론 막대한 규모의 자금을 조달하는 문제가 남아있지만, 아시아, 중동의 연기금이나 대형 펀드가 참여 의사를 밝히고 있어, 현실화될 경우 엔비디아 매출의 타격이 불가피하다.

빅테크도 엔비디아 견제에 나서고 있다. 테슬라는 자율주행에 필수로 여겼던 사물 인식 장비인 라이더가 수백만 원에 달하자, 높은 가격을 이유로 카메라로 대체했다. 그런 테슬라에게 수천만 원에 달하는 GPU는 부담으로 느껴지는 게 당연하다. 자율주행을 위해서는 인공지능 개발회사만큼 많은 GPU가 필요하다 보니, 비용 절감 측면에서 직접 개발이 유리하다. 하드웨어부터 소프트웨어까지 독자 생태계를 구축해 온 애플도 범용 GPU가 아닌 소형 IT기기 전용 GPU 개발을 추진하고 있다.

미중 갈등으로 인한 반도체 수출금지 장기화도 극복해야 할 과제다. 지금은 GPU 공급이 부족한 상황이지만, 빅테크가 자체 개발로 엔비디아 수요가 급감할 경우 대규모 수요를 대처할 곳은 중국밖에 없다. 하지만, 중국의 과학기술이 미국을 위협하는 수준으로 발전하면서 미래 핵심 산업 선점을 위해 저사양 반도체의 중국 수출도 언제 금지될지 모른다.

엔비디아 타도를 외치며 연합한 반도체 제조회사의 공세도 막아내야 한다. 적의 적은 친구이듯이, 오랜 기간 경쟁 관계였던 인텔, 퀄컴이 엔비디아에 대응하기 위해 공동 전략을 펼치고 있다. 고성능 고효율의 반도체 신제품을 잇달아 출시하여 오랜 고객 관계인 IT기업에 대규모 물량 공세를 펼치고 있다. 또한 엔비디아의 코딩 소프트웨어에 대응하기 위해 인공지능 전용 프로그램도 공동으로 개발 중이다.

수요처의 자체 개발, 수출 규제, 경쟁사 연합의 악재를 극복하고, 엔비디아가 인공지능, 신약 개발, 디지털 플랫폼에서 선두를 유지할 수 있을지 흥미롭게 지켜볼 일이다.

마이크로소프트

01 경영진

은퇴한 지 10년이 넘었지만, 한때는 세계 최고 부자였으며, 지금은 자선사업가로 활동하고 있는 빌 게이츠는 소프트웨어 업계의 신화다. 로펌을 운영하던 아버지와 은행가 집안의 어머니 밑에서 유복하게 성장했는데, 컴퓨터라는 단어조차 생소하던 1960년대에 컴퓨터가 있는 사립학교에 다닌 것만 보아도 얼마나 금수저였는지 짐작된다. 그러나, 그의 성공을 금수저 덕분이라고 평가절하하는 것은 옳지 않다. 요즘은 초등학생 때부터 스마트폰과 컴퓨터를 가지고 있지만, 게임과 동영상을 시청할 뿐 프로그래밍하는 어린이는 찾아보기 힘드니 말이다.

그는 독학으로 코딩을 익히고, 하버드 재학 중 알고리즘 논문을 쓸 정도로 컴퓨터 천재였다. 친구인 폴 앨런과 하니웰이라는 소프트웨어 회사에 인턴으로 근무하면서 소프트웨어 산업의 성장을 예감하고 대학을 중퇴한 뒤, 소형컴퓨터microcomputer와 소프트웨어software의 첫 글자를 따서 마이크로소프트를 창업할 정도로 추진력이 뛰어났다.

한편, 사업에서 승리하기 위해 수단과 방법을 가리지 않는 교활한 면도 있었다. 신생기업이던 애플이 개인용 컴퓨터를 출시하자, 대기업 IBM도 개인용 컴퓨터 개발을 선언한다. 하지만, 대규모 연산을 위한 대형컴퓨터만 제조하던 IBM이 소형컴퓨터 운영체제에 무지하다는 것을 간파한 빌 게이츠는 컴퓨터 운용프로그램인 도스DOS를 제안한다. 여러분이 40대 이상이라면 검은 모니터 화면에 키보드로 명령어를 직접 입력해서 컴퓨터를 작동시킨 기억이 있을 것이다.

놀라운 것은 그는 도스를 갖고 있지 않았고, 도스 개발자가 판매에 어려움을 겪고 있다는 얘기를 들었을 뿐이었다. 그는 계약하지 않으면 애플에 도스를 팔겠다고 하며 개발 기한에 쫓기던 IBM을 압박하였고, 컴퓨터 한 대당 라이센스비를 받는 조건으로 IBM과 계약 체결에 성공한다. 그리고, 도스 개발자로부터 헐값에 제작권을 구매하여, 자신이 개발한 것처럼 수정한 뒤 IBM에 납품했는데, 모든 가정에 개인용 컴퓨터가 보급되면서 돈

방석에 앉게 된다.

하지만, 도스를 써 본 사람은 얼마나 불편한지 알 것이다. 마치 클러치가 여러 개 달린 수동변속 자동차를 운전하는 것처럼, 도스의 명령어를 알지 못하면 컴퓨터를 작동할 수 없다. 이에 빌 게이츠는 누구나 쉽고, 직관적으로 컴퓨터를 사용할 수 있는 프로그램을 만들기 시작하는데, 바로 윈도우의 탄생이다.

지금 보면 허술한 수준의 그래픽이지만, 명령어를 입력하지 않고 마우스를 클릭하는 것만으로 컴퓨터를 작동시킨다는 건 당시에는 혁명이나 다름없었다. 사용자는 열광했고, 윈도우는 모든 컴퓨터 운용 체제의 표준이 된다. 하지만, 이 기술 또한 경영난을 겪던 애플에서 파트너십을 빌미로 마우스와 그래픽 기술을 약탈한 것이나 다름없었다.

그는 만족을 모르고, 경쟁을 용납하지 않는 냉혈한이었다. 컴퓨터 운용프로그램을 평정하자, 인터넷 접속프로그램으로 인기를 끌던 내비게이터가 눈에 들어온다. 내비게이터가 무료 배포로 사용자를 확대해 나가자, 그는 윈도우를 출시하면서 인터넷 접속 프로그램인 익스플로러를 통합하여 제공한다.

또한, 익스플로러를 사용하는 기업에는 지원금을 지급하는 비윤리적 행위도 서슴지 않았다. 반독점 판결 등의 제재가 있었지만 이미 경쟁자가 몰락한 이후라서, 마이크로소프트는 컴퓨터 운영체제와 인터넷 프로그램 모두에서 압도적인 점유를 달성하며 컴퓨터 제국으로서의 기틀을 다진다.

사업가로서의 빌 게이츠는 수단과 방법을 가리지 않는 장사꾼이었지만, 아이러니하게도 그의 행동이 소프트웨어 산업의 잘못된 관행을 바로잡는 데 이바지했다. 그전까지 하드웨어에 결합된 상품에 불과하던 소프트웨어가 독자적인 상품으로 자리매김하며, 무단 사용이 당연시되던 것이 지적재산권으로 보호되는 유상 구매 상품이 된 것이다. 그 덕분에 수많은 소프트웨어 개발 회사가 탄생할 수 있었다.

은퇴 후 그는 자선사업가로서 70조 원이 넘는 돈을 기부하며 완전히 다른 삶을 살고 있다. 아프리카의 위생 환경 개선을 위해 화장실을 개발하고, 질병 퇴치를 위해 신약 개발을 지원하며, 지구 온난화와 물 부족을 해결하기 위한 환경보호 활동에 앞장선다. 돌이켜보면 사업가 시절 그의 원동력은 돈에 대한 집착이 아닌 혁신적 제품에 대한 열망, 개발자로서의 욕심 때문이었던 것 같다. 세계 최고의 부자에 올랐지만, 미련 없이 대부분의 재산을 기부하고 사회공헌 활동에 헌신할 수 있는 사람은 앞으로도 없을 테니 말이다.

02 기술

마이크로소프트의 핵심기술은 인공지능과 클라우드이다. 인공지능의 경우, 15조 원을 투자하여 챗GPT 개발사인 오픈AI의 지분 49%를 취득했다. 많은 기업이 인공지능을 개발하여 사업에 활용하려고 시도하고 있지만, 마이크로소프트만큼 유료화 모델에 성공한 회사는 없다. 코파일럿copilot은 비행기의 부조종사라는 의미처럼 인공지능이 사람 대신 자료를 작성해 주는 서비스다. 이메일을 바탕으로 워드 문서를 작성해 주고, 회의 내용도 요약해 준다. 엑셀 데이터를 바탕으로 차트를 만들고, 파워포인트 발표 자료도 작성한다.

특히, 엑셀에서 각 항목 간의 관계를 그래픽화하여 원인과 결과를 파악하는데 특출한 능력을 발휘한다. 수십 종류의 컴퓨터 부품을 다양한 국가에 수출하는 기업을 가정해 보자. 작년에 매출은 감소했는데 순이익은 증가하였다면, 수많은 매출 중에서 원인을 찾아내기가 쉽지 않다. 이때, 코파일럿 분석 기능을 활용하면, 수많은 엑셀 항목 간 관계성을 분석한 차트를 순식간에 제공한다.

예를 들어, 컴퓨터 부품 중 자체 생산하는 소형 반도체 매출 비중이 증가했는데, 중국에서 신규 거래처가 증가한 것으로 차트가 분석되었다고 가정하자. 이를 바탕으로 대형 부품 대신 소형 반도체 매출 비중 증가로 판매액은 감소했으나, 자체 생산 부품의 마진이 높아 수익성이 개선된 것으로 이유를 추정할 수 있다.

또한, 거래가 증가한 중국의 신규 거래처를 조사한 결과, 컴퓨터가 아닌 소형 가전제품 제조회사임을 알았다면, 대상 고객을 컴퓨터회사에서 가전 제품회사로 확대할 필요가 있다는 것도 알게 된다. 이처럼 기초적인 분석은 월 4만 원의 인공지능 비서로 대신하고, 직원은 절약된 시간을 고급 업무에 투입한다면 회사의 생산성을 높일 수 있는 것이다.

인공지능이 텍스트, 이미지, 영상 등 다양한 방식의 대형 데이터를 활용하면서, 인공지능이 필요로 하는 연산장치, 데이터센터의 규모도 기하급수적으로 증가하고 있다. 이에, 일반기업이 인공지능을 구동할 별도의 인프라를 구축하는 것보다, 클라우드에 장착된 인공지능을 이용료를 지불하고 사용하는 것이 성능이나 비용에서 유리하기에, 마이크로소프트의 클라우드 사업이 팽창하고 있는 것이다.

03 사업

2024년 마이크로소프트는 기업가치 1위를 탈환한다. 100년이 넘는 역사의 미국 주식시장에서 과거 1위 기업이 십년 후 다시 1위에 복귀한 사례는 전무하다. 기술은 해마다 급속도로 발전하므로, 시간이 지날수록 기술격차를 따라잡기는 불가능하기 때문이다. 마이크로소프트도 윈도우, 오피스 프로그램에서 왕좌를 차지했다가, 애플에 밀려나 안정적인 일반기업으로 전락할 줄 알았다. 컴퓨터에서 모바일로 전환은 거스를 수 없는 시대의 변화였기 때문이다.

게으른 공룡을 깨운 것은 2014년 대표이사로 부임한 사티아 나델라였다. 하버드 출신의 전임 대표인 빌 게이츠, 스티브 발머는 일등을 강요하며, 과정보다는 성과를 중시하여 우수한 직원들을 상대평가 했고, 낮은 점수를 받으면 퇴사를 종용했다. 이에 따라, 평가를 잘 받기 위해 다른 부서와 협업하려 하지 않았고, 좋은 정보는 자신만 알고 공유하지 않는 폐단이 발생했다.

사티아 나델라는 인도에서 대학을 나왔고, 사원으로 입사하여 빌 게이츠와는 아무런 관련이 없었다. 폐쇄적이고 보수적인 문화의 문제점을 몸소 체감하고 있었던 그는, 타인의 성공이 나의 자리를 위협하거나, 자신의 실패가 해고로 이어져서는 안 된다고 생각했다. 이에, 마이크로소프트에 입사할 정도의 직원은 모두 우수하니, 우열을 가리는 상대평가 대신 절대평가 방식을 도입한다. 자신의 성과뿐 아니라 타인의 성과에 기여했는지를 평가 항목에 추가하여, 정보를 감추던 관행 대신 타인과 정보를 공유하고 협력하는 문화를 만든다.

시장을 독점하기 위해 자사의 프로그램만 작동하게 만드는 폐쇄적인 사업방식도 개방했다. 엑셀 같은 오피스프로그램이 모바일에서도 원활하게 작동하고, 리눅스와 같은 오픈소스와도 협업한다. 링크드인, 액티비전 블리자드 등 소셜미디어, 게임 회사도 합병하면서 사업구조도 다각화하는 데 성공한다.

04 재무

우리가 아는 마이크로소프트는 윈도우와 문서프로그램을 만드는 회사지만, 가장 큰 수입을 차지하는 것은 클라우드^{cloud}이다. 클라우드는 온라인의 초대형 컴퓨터로서 휴대폰, 태블릿, 노트북 같은 IT기기로 접속하더라도 하나의 컴퓨터처럼 사용할 수 있다. 마치 거대한 구름은 앞뒤 좌우 떨어져서 보더라도 모두 동일한 모습으로 보이는 것처럼 말이다.

과거에는 출장이 빈번한 직장인이 주로 이용했으나, 코로나로 재택근무, 분산 근무가 일상화되면서 집과 직장에서 동시에 작업이 가능한 클라우드의 수요가 급증한다. 대용량을 지원하여 많은 파일을 저장하고, 빠른 다운로드 속도 덕분에 자료 공유도 편리하다.

수년 전만 하더라도 클라우드 시장의 강자는 30%가 넘는 점유율을 가진 아마존이었고, 마이크로소프트, 구글은 10% 내외의 점유율에 불과했다. 하지만, 아마존의 점유율이 여전히 30%에 머무르는 동안, 마이크로소프트는 2배 가까이 성장하며 20%를 넘어섰다. 메타 등 다양한 회사의 소프트웨어 개발 플랫폼을 클라우드에 탑재하여, 인공지능 개발자들을 유인했기 때문이다. 인공지능의 기능이 강화될수록 고성능 대형컴퓨터의 필요성이 더욱 증가하므로, 이런 추세라면 아마존 클라우드를 따라잡을 날도 멀지 않았다.

마이크로소프트의 전통적 수입은 워드, 엑셀 같은 문서편집기와 윈도우 프로그램의 판매. 최근, 애플 같은 경쟁사의 점유율 확대로 윈도우 수요가 감소하면서 어려움을 겪고 있으나, 인공지능의 자동문서 작성이 가능해지면서 수입의 반등을 가져올 수 있을지 지켜보자.

구분(단위 : 조원)	2022년	2023년	2024년
매출	277	297	343
제품 판매	102	91	91
클라우드 등	176	206	252
영업이익	118	125	153
(영업이익률)	42%	42%	45%
순이익	102	101	123
(순이익률)	37%	34%	36%

05 외부 환경

클라우드 점유율 확대 배경에는 오피스프로그램 끼워팔기가 한몫했음은 부인할 수 없는 사실이다. 과거에는 소프트웨어를 구입하여 자신의 컴퓨터에 설치하여 사용했으나, 이젠 클라우드와 소프트웨어를 월 사용료를 내고 이용하는 추세다. 자사의 클라우드 고객에게 오피스프로그램까지 할인된 가격으로 제공하면, 다른 클라우드 회사는 가격 경쟁에서 이길 수가 없다.

이 때문에, 마이크로소프트는 불공정 경쟁 혐의로 제소되어 유럽에서 조사받고 있다. 유럽은 2022년 디지털 시장법을 제정하여 빅테크의 데이터 처리, 사업방식에 대해 규제하고 있으며, 불공정 경쟁 행위에 대해서는 매출의 20%까지 벌금을 부과할 수 있을 정도로 엄격하다.

더 큰 위험은 미래 핵심사업인 인공지능회사 오픈AI에 대한 독과점 규제다. 마이크로소프트는 오픈AI의 지분 49%를 보유하고, 오픈AI에게 클라우드를 독점 공급하는 사업 파트너로 알려졌으나, 오픈AI가 개발하는 인공지능에 대한 지적재산권도 소유하는 것으로 밝혀졌다. 게다가 내부 갈등으로 샘 올트먼이 오픈AI 대표에서 해임 및 복귀되는 과정에서 마이크로소프트가 영향력을 끼친 것으로 드러나면서 양사 간 협력관계, 소유구조에 대한 조사가 진행 중이다.

과거 인터넷 익스플로러 끼워팔기로 기업 분할 판결이 났을 때, 빌 게이츠는 거액의 정치헌금을 제공하고, 대표이사에서 사임하며 회사를 지켜냈다. 하지만, 반독점 규제는 언제든 부활할 수 있는 아킬레스건이며, 기업 분할 명령은 단순히 겁을 주기 위한 허풍이 아님을 역사는 증명한다.

보잉은 1차세계대전에서 미군에 비행기를 납품하며 성장했다. 전쟁이 끝나고 항공기 제작 수요가 감소하자, 항공 우편 배달업에 진출하고 여객 운송까지 사업을 확장했다. 초창기 탑승객이 비행기 안정성을 우려하며 불안해하자, 간호사를 탑승시켜 위급 상황에 대비하도록 한 것이 효과를 보였고 그 후로 기내 승무원을 도입하며 항공 사업을 본격화했다. 하지만, 독과점으로 인한 폐해가 나타나기 시작하면서, 항공기 제작사인 보잉과 항공사인 유나이티드 항공으로 분리되었다. 통신회사인 AT&T도 장거리 전화와 시내 전화로 회사가 분할된 전례가 있기에 마이크로소프트의 근심은 지속될 수밖에 없다.

구글

01 경영진

호텔 요리사로 구성된 구내식당, 트레이너가 있는 체육관, 수영장, 오락실, 마사지실, 최고의 시설과 가장 일하기 좋은 기업에 빠지지 않고 선정되며, 회사가 아닌 캠퍼스라고 불리는 곳이 구글이다. 이러한 시설은 자율성, 창의성을 위해 대학생처럼 운동, 문화를 즐기면서 일에 몰두할 수 있는 환경을 만들려는 목적에서 비롯됐다. 구글은 스탠퍼드 대학원에서 만난 래리 페이지와 세르게이 브린이 공동창업했다. 당시 인터넷 검색시장을 장악했던 야후는 검색어가 들어간 사이트들을 나열해 주는 수준에 불과하여 엉뚱하고 수준이 낮은 정보를 걸러내지 못했다.

이에, 웹사이트 간에 연결 횟수 등에 따라 순위를 매기고, 검색 정보를 차등화하여 신뢰할 수 있는 고품질의 자료를 상위에 보여주는 프로그램을 개발한다. 수입 극대화를 위해 광고를 무분별하게 배치하던 관행을 없애고 검색창만 단순하게 배치한 후, 검색 결과 표출 시 광고는 별도로 배치하여 무분별한 광고의 노출을 막는다. 부모의 기대에 따라 안정적인 교수가 되기를 원했던 래리는 현재 기업가치의 백만분의 1수준인 14억 원에 야후에 판매하려는 시도가 실패하자, 창업하기로 결심한다.

자금이 부족했던 이들은 임대료를 절약하기 위해 창고를 빌려 사업을 시작했는데, 창고 임대자는 이후 구글에 입사하여 유튜브 대표까지 되니, 인연과 운명은 아무도 모를 일이다. 기존 검색 결과가 얼마나 답답했던지 이들이 만든 검색사이트의 이름은 효자손과 같은 등긁이를 의미하는 백럽^{backrub}이었다. 하지만, 세상의 모든 인터넷사이트를 검색하겠다는 의미에서 10의 100제곱이라는 거대한 수인 구골^{googol}과 유사한 이름인 구글로 회사명을 확정한다.

래리는 컴퓨터공학 교수인 부모님의 영향으로 어린 시절 컴퓨터 조립을 즐기며 과학에 재능이 뛰어났지만, 수줍음이 많아 창업보다는 컴퓨터과학 교수가 되길 원했다. 반면, 세르게이는 이름에서 알 수 있듯이 러시아에서 태어났지만, 자유로운 생활을 원하던 부모 덕분에 어릴 때 미국으로 이민을 온다.

외향적인 세르게이는 직원들과 어울리며 문제를 적극적으로 처리하는 해결사다. 반면, 성대질환으로 목소리가 마비되어 가늘고 쉰 목소리를 내는 래리는 개발자로서 미래 전략을 고민하지만, 대중 앞에는 모습을 드러내지 않는 은둔형 경영자다.

두 천재의 협업으로 구글의 사업은 급속도로 확장되지만, 경영관리는 벤처기업 수준에 머물러 미숙한 실수가 반복된다. 이에, IT업계에서 잔뼈가 굵은 에릭 슈밋을 영입하여 경영을 맡기고, 함께 일할 최고의 동료를 공정하게 뽑기 위해 인사부와 관련 부서가 여러 차례 면접을 시행하여 업무능력, 성격, 동료와 협업 능력을 종합적으로 평가하는 제도를 도입한다.

이렇게 선발된 직원은 근무시간의 20%는 자신이 하고 싶은 업무를 할 수 있다. 현재는 수익이 없고 기술개발에 성공할지 불확실하더라도, 인간의 삶을 바꿀 미래 기술이라면 과감하게 도전하는 환경도 제공한다. 그 결과, 휴대폰 운영 소프트웨어인 안드로이드, 증강현실, 인공지능을 개발하며 빅테크로 성장할 수 있었다.

02 기술

2024년 초전도체를 둘러싼 논란이 전 세계를 강타했다. 모든 움직이는 물체는 저항 때문에 에너지가 손실되어 영원히 동작할 수 없는데, 초전도체는 전기저항이 없어 이론상 무한히 작동할 수 있는 꿈의 소재로 불린다. 하지만, 절대영도인 영하 273도에서 초전도 현상이 나타난다는 것을 발견하였으나, 극저온을 유지하는데 큰 에너지가 소모되어 경제적 실효성이 없는 것으로 알려져 왔다.

아니나 다룰까, 이번에도 실온에서 작동하는 초전도체 개발은 해프닝으로 끝났지만, 구글도 신소재 개발에 주력하고 있다. 강철보다 강하지만 머리카락처럼 가볍고, 고온고압의 극한 환경도 견딜 수 있는 신소재는 미래 첨단 제품을 개발하는데 필수이기 때문이다.

구글은 데이터뱅크에 저장된 물질의 화학구조를 인공지능에 학습시킨 후, 새로운 화학구조를 만들어낸다. 그리고 이론상의 화학구조가 실제 제조가 가능한지 실험하기 위해 로봇을 제작한다. 로봇은 요리하듯이 다양한 재료를 혼합하고, 비율을 조정하며, 가열과 냉각을 통해 새로운 물질을 만든다. 아직 정교한 합성이 아니다 보니 이론만큼 원하는 결과를 얻지 못했지만, 인간이 수십 년 걸려 찾을 신물질 후보를 수개월 만에 찾아냈다는 점에서 향후 귀추가 주목된다.

인공지능을 활용한 신약 개발에서는 독보적인 성과도 달성한다. 신약은 바이러스 감염을 차단하는 항체 단백질을 찾는 데서 시작되는데, 단백질의 구조가 복잡한 게 문제다. 단백질은 아미노산이 실에 꿰어진 구슬처럼 연결된 형태로, 결합 분자에 따라 수십 종류가 넘는다. 이렇게 꿰어진 구슬 실이 나선형 구조로 꼬여 있고 끝부분은 접혀 있는데, 이 모형이 서로 결합하여 단백질을 구성한다. 이에, 수많은 경우의 수를 계산하여 3차원 단백질 구조를 밝히는 것은 너무나 복잡한 작업이었다.

여기서 잠깐, 인공지능 알파고와 이세돌의 바둑 대결을 되짚어 보자. 알파고는 무한한 경우의 수를 모두 계산하지 않고, 승리 가능성이 높은 수를 예측해서 바둑을 뒀다. 인간으로서는 도저히 두지 않을 곳에 바둑을 두기도 했지만, 시간이 흐른 뒤 그 예측이 승리를 결정짓는 핵심이었음을 기억할 것이다.

알파고처럼 신약 인공지능도 단백질 구조를 전부 계산하지 않는다. 대신 아미노산의 확률분포와 접히는 각도 등을 계산하여 최적의 단백질 구조를 예측하는 방식으로 성공률을 높인다. 그 결과, 지난 수십 년간 실험실에서 발견한 단백질 구조보다 수백 배 많은 단백질 구조를 찾아냈다.

물론, 이 중에는 바둑의 엉뚱한 수처럼 황당한 단백질 구조와 인간이 전혀 예측하지 못했던 신의 한 수와 같은 단백질 구조가 섞여 있다. 하지만, 시뮬레이션을 통해 단백질 상호작용을 테스트하고, 세균과 항체반응을 점검할 수 있는 수많은 후보물질을 찾아냈다는 점에 의의가 있다. 결국, 신약 개발 인공지능인 알파폴드를 개발한 공로로 구글 딥마인드의 허사비스와 존 점퍼는 2024년 노벨 화학상을 받는 쾌거를 달성한다.

자연 세계에는 존재하지 않는 단백질을 인공지능이 만들어낸 덕분에 인간이 풀지 못한 치매나 파킨슨 같은 불치병을 규명하는 것도 가능하다. 당장의 편리함이나 수익이 아닌, 미래 인류의 삶에 초점을 맞춘 기술을 지속적으로 개발하는 것, 이것이 구글의 핵심 경쟁력이다.

03 사업

구글은 인터넷 검색, 유튜브, 바이오, 자율주행, 인공지능 등 다양한 미래산업 분야에서 백 개 이상의 사업을 추진하는 백화점식 기업이다. 아마존이 모든 상품을 팔겠다는 취지에서 A부터 Z까지 화살표 로고를 바꾼 것처럼, 구글도 A, B … X, Y, Z까지 모든 사업을 추진하려는 의도인지 사명도 알파벳으로 변경한다.

소프트웨어 개발회사이다 보니 많은 사업에서 마이크로소프트와 경쟁을 벌이고 있는데, 지금까지의 전적을 보면 흥미롭다. 우선, 검색엔진에서는 구글이 이론의 여지가 없는 압승이며, 인터넷 접속도 구글의 크롬이 60%의 점유율로 마이크로소프트의 엣지를 앞선다. 운영체제 분야에서 컴퓨터는 마이크로소프트 윈도우가, 휴대폰 같은 모바일은 구글 안드로이드가 우세하여 무승부인 상황이다. 문서편집기는 마이크로소프트의 워드나 엑셀이 구글의 닥스를 앞서고 있고, 온라인 공용 컴퓨터인 클라우드도 마이크로소프트가 우위를 점하고 있다.

지금까지는 2승1무2패로 양사가 팽팽한 접전을 벌이고 있지만, 미래는 장담할 수 없다. 인공지능이 도입되면 인터넷 검색이 문자 중심에서 음성, 동영상으로 변경되고, 문서도 자동으로 작성되기 때문이다. 결국, 인공지능을 기존 사업에 결합하여 최고의 시너지를 만들어내는 회사가 왕좌를 차지할 것이므로, 대부분의 빅테크가 인공지능에 사활을 걸고 있다.

04 재무

대부분의 기업은 매출이 특정 국가에 집중되어, 경제 상황에 따라 매출도 좌우되는 경우가 많다. 하지만, 구글 검색, 유튜브 등은 전 세계에 사용자가 골고루 분포하고 있고, 압도적인 시장점유율을 보인다는 장점이 있다.

최근 3년간 수입을 보면 2022년 396조 원에서 2024년 490조 원으로 매년 10% 내외의 매출 성장을 기록하고 있다. 코로나 기간에는 언택트에 따른 온라인 활동 증가의 혜택을 받았고, 코로나 이후에는 기업의 경제활동이 증가하면서 광고 수입도 확대되었다.

하지만, 향후에도 장밋빛 전망만 있는 것은 아니다. 자율주행 등 오랜 기간 많은 연구비가 투자된 분야 중 제대로 수익을 창출하는 부분이 없다. 게다가, 인공지능 제미니는 메타 등 경쟁사 대비 열위이고, 클라우드도 오픈AI와 연합한 마이크로소프트에 뒤처지고 있다. 창업주까지 경영에 복귀하여 인공지능에 전력을 쏟고 있는 구글이, 과거 알파고의 명성을 되찾고 사업 성과로 이어질 수 있을지 귀추가 주목된다

구분(단위 : 조원)	2022년	2023년	2024년
매출	396	430	490
광고	314	333	378
클라우드 등	83	97	112
영업이익	105	118	157
(영업이익률)	26%	27%	32%
순이익	84	104	140
(순이익률)	21%	24%	29%

05 이슈

유튜브, 넷플릭스 같은 다양한 미디어 서비스의 등장으로 구독료가 부담스러워지기 시작하면서, 이용료를 줄이려는 사용자와 수입을 유지하려는 회사 간에 치열한 공방이 벌어지고 있다. 이용자는 계정당 접속 가능자가 여럿이라는 점에 착안하여 타인과 계정을 공유하며 구독료를 분담하는 전략을 사용한다. 그러자, 플랫폼 회사는 TV 접속을 한 개로 제한하며, 가족이 아닌 타인이 TV를 통해 접속 시 추가 요금을 납부하도록 만든다.

유튜브가 광고 없이 시청 가능한 프리미엄 가격을 1만 원에서 1만 5천 원으로 큰 폭으로 인상하자, 이용자는 인터넷 접속 주소를 변경하여 구독료가 저렴한 국가에서 결제하는 디지털 이민으로 대응한다. 그렇게까지 할 필요가 있을까 싶겠지만, 나이지리아 1천 원, 인도 2천 원의 요금을 감안하면 3인 가족의 경우 연간 수십만 원을 절감할 수 있어, 온라인에서는 다문화 가족으로 사는 웃지 못할 일이 벌어지고 있다. 수입 감소를 막기 위해 구글도 대응책을 마련하여, 6개월에 한 번 결제 국가에서 계정에 재접속하지 않으면 멤버십을 정지하는 정책을 도입한다.

그러나, 이번에도 이용자는 순순히 물러서지 않는다. 기술의 발전으로 광고를 차단하는 앱을 통해 유튜브를 시청하는데, 광고 차단 프로그램 사용은 이용자의 선택권이므로 광고 차단 개발사의 손해배상 책임이 없다는 판결 이후 더욱 활성화된다. 하지만, 광고 차단이 개인의 자유라면, 영상을 제공하는 것은 회사의 자유다. 유튜브가 광고 차단 프로그램 사용자에게 시청 불가 경고를 표출하자, 광고 차단 앱의 다운로드가 급감하며 소강상태에 접어들었으나 아직 끝난 건 아니다.

다양한 우회 방식이 나온다는 건 지나친 광고에 대한 소비자의 불만과 거부감이 한계에 이르렀다는 것을 시사한다. 지금은 유튜브의 높은 점유율로 강한 규제가 효과를 발휘하지만, 대체할 수 있는 플랫폼이 등장하면 피로감을 느낀 고객의 이탈이 가속화되면서 광고 수입이 감소할 위험이 존재한다.

인공지능을 둘러싼 실수도 경쟁사 대비 개발 능력에 대한 의구심을 갖게 한다. 경쟁사의 챗GPT에 비해 개발이 뒤처졌단 평가를 받던 구글의 제미나이가 최근 발표에서 사람같이 작동하며 이목을 끌었다. 동전이 어느 손바닥 아래 숨겨져 있는지 찾아내고, 그림자놀이의 손동작을 보고 닮은 동물을 맞추며, 갈림길의 끝에 있는 동물을 보고 오른쪽 길에는 곰이 숨어있다고 말한다. 글자에 대한 이해를 넘어 그림과 영상을 주어진 상황과 연관 지어 이해할 수 있다는 점에서 놀라운 발전이었다.

하지만, 미리 정해진 글자와 그림을 바탕으로 영상이 짜깁기 된 게 밝혀지면서 논란에 휩싸인다. 게다가 독일 나치를 아시아인으로, 아인슈타인은 흑인으로 이미지를 생성하는 실수까지 발생하면서 서비스는 잠정 중단된다. 결국, 경영에서 물러났던 세르게이가 테스트 부실로 인한 오류에 대해 사과하고, 위기 수습을 위해 구글 복귀를 선언한다. 그의 복귀가 알파고처럼 신의 한 수가 될 수 있을지 시간이 지나면 알게 될 것이다.

애플

01 경영진

혁신의 아이콘으로 칭송받았지만, 독선적인 이기주의자라는 비난도 받았던 스티브 잡스는 좋은 학교를 졸업하고, 비교적 순탄하게 사업을 성장시킨 다른 빅테크 창업자와 달리 불우한 어린 시절을 보냈다. 태어난 지 얼마 되지 않아 입양된 탓에 반항심 많은 문제아로 자라며 마약에 손대고, 대학에 진학했지만, 비싼 학비가 아까워 한 학기 만에 중퇴한다. 그 후 히피 생활을 하고, 불교에 입문하며, 장기간 인도 순례 여행을 하는 등 기독교를 믿는 대부분의 미국인과는 다른 삶을 살아간다.

그러던 중 기업용 컴퓨터회사인 휴렛팩커드에 다니던 워즈니악이 취미로 만든 회로기판이 컴퓨터 전문가 사이에서 인기를 끌자, 그와 함께 자기 집 차고에서 창업한다. 평소 사과 다이어트를 즐겨하던 그는 사과 농장을 방문하고 돌아오던 차 속에서 즉흥적으로 회사명을 애플로 정한다. 한입 베어 문 사과 로고는 다른 과일과 구분하기 위한 디자인이었지만, 동성애 비난을 견디지 못하고 청산가리가 든 사과를 먹고 자살한 컴퓨터의 창시자 앨런 튜링에 대한 추모와 존경 때문이라는 소문도 있다.

애플은 본체, 모니터, 키보드를 플라스틱 케이스에 넣어 만든 최초의 개인용 컴퓨터를 출시하며 화려하게 데뷔한다. 그 후, 문자 입력 대신 마우스로 아이콘을 클릭하면 프로그램이 실행되는 시각화 중심의 매킨토시 컴퓨터를 개발한 후, 미래의 컴퓨터임을 강조하기 위해 에이리언, 블레이드 러너 등 SF영화 거장인 리들리 스콧 감독에게 광고를 의뢰한다.

광고는 무엇인가에 홀린 듯 수많은 군중이 대형 스크린을 향해 걸어가는 것으로 시작된다. 앞으로 걸어 나온 여주인공이 해머를 던져 스크린을 깨면 군중이 각성하게 되고, 매킨토시의 출시일을 보여준다. 기존 컴퓨터의 타성에 물든 소비자에게 혁신적 컴퓨터의 탄생을 알리는 스토리인데, 40년 전의 광고임에도 파격과 세련미를 느낄 수 있다.

매킨토시 컴퓨터는 소비자의 이목을 끄는 데 성공했지만, 다른 컴퓨터와의 낮은 호환성과 비싼 가격으로 판매가 부진했다.

또한, 컴퓨터 개발 과정에서 혁신을 강조하며 직원을 가혹하게 몰아붙이면서 갈등이 심화되어, 잡스는 회사에서 퇴출당하는 비극을 맞는다. 그러나, 지속된 판매 부진으로 애플이 파산 위기에 처하자, 잡스가 설립한 넥스트를 인수하는 형식으로 다시 사장으로 복귀한다. 그는 대규모 구조조정을 통해 흑자로 전환하고, 애플이 잃어버렸던 혁신과 도전 정신을 불어넣는데, 그 시작은 음악이었다.

과거에는 CD로 음반을 불법복제 하는 것이 흔했는데, 애플은 음반이 아닌 각 음원을 저렴하고 투명하게 다운로드하는 음원 유통 플랫폼인 아이튠즈를 만든다. 이를 시작으로 아이팟, 아이폰 등 모바일 기기를 잇달아 성공시키며, 애플은 마이크로소프트를 넘어 세계 최고기업으로 우뚝 서게 된다.

특허 소송을 남발하고, 상대의 제품에 대한 비난도 서슴지 않았던 잡스와 빌 게이츠는 오랜 라이벌인 동시에 서로에게 구원자였다. 쫓겨났던 잡스가 애플로 복귀한 후, 애플의 부활을 위해 대대적인 기술혁신이 필요했지만, 부실한 회사에 투자하려는 회사가 없었다. 이때 마이크로소프트가 애플과의 특허 소송에 합의하고 2천억 원을 투자했는데, 이 자금 덕분에 애플은 아이팟, 아이폰을 연달아 히트시키며 세계 최고기업으로 성장할 수 있었다.

마이크로소프트도 애플 덕분에 윈도우를 만들었다. 문자 명령어 대신 마우스를 사용한 그래픽 형태의 컴퓨터는 제록스에서 최초로 출시하였지만, 복사기 등으로 이미 대기업 반열에 오른 제록스는 이 기술을 하찮게 여긴다. 애플은 그래픽 기술의 중요성을 깨닫고 제록스 개발자를 스카우트해서 애플컴퓨터를 출시했지만, 천만 원이라는 높은 가격으로 인해 판매가 부진했다. 재무 상황 악화를 겪던 애플은 마이크로소프트에 특허 사용권을 판매했고, 이를 활용한 윈도우가 컴퓨터 운영체제를 평정하면서, 마이크로소프트는 세계 최고의 소프트웨어 회사가 될 수 있었다.

어쩌면 둘은 경쟁자이기보다, 새로운 길을 개척하는 첨단기업의 수장으로서 고뇌와 외로움을 잘 이해하는 동지가 아니었을까? 췌장암으로 세상을 떠난 지 10년이 넘었지만, 인터넷에서 떠도는 두 사람의 가상 대화를 보며 그를 기억해 본다.

빌 게이츠 : 천국은 어때, 스티브 잡스?

스티브 잡스 : 좋아, 벽과 담이 없어서, 창문Windows과 대문Gates이 필요 없거든.

빌 게이츠 : 그렇군. 천국에서는 사과Apple를 만지면 안 되고, 직업Jobs도 없지.

스티브 잡스 : 아니야, 무급 직업Jobs이 있지만, 모든 게 무료라서 청구서Bill는 없어.

* 윈도우 소프트웨어, 빌 게이츠, 애플 회사, 스티브 잡스의 발음을 활

용한 언어유희

02 기술

마우스와 아이콘을 사용하는 컴퓨터, 천곡이 넘는 음악을 저장하고 손쉽게 검색하는 아이팟, 전화·카메라·MP3·인터넷을 자판 없이 통합한 아이폰. 애플의 핵심기술은 누구도 생각하지 못한 혁신적 기능과 세련된 디자인이다. 지금까지 수많은 혁신 제품을 출시했기에 더 이상 새로운 제품이 나올 수 있을까라는 의문을 가진 사람에게, 보란 듯이 지금까지의 제품을 통합하여 디지털 세상과 현실 세계를 혼합한 공간 컴퓨팅을 출시한다.

이름은 컴퓨팅이지만 컴퓨터, 마우스, 키보드 그 어느 것도 필요하지 않다. 헤드셋을 착용하면 내가 있는 곳이 컴퓨터 화면이 되고, 눈과 손가락으로 조정한다. 3D영상과 실감 나는 음향은 현실과 디지털의 경계를 무너뜨린다. 이 덕분에, 500만 원에 달하는 고가에도 불구하고 발매 직후 수십만 대가 판매되며 엄청난 반향을 일으킨다.

물론 비싼 가격, 무거운 무게, 짧은 배터리 사용 시간, 어지러움 같은 극복해야 할 문제점도 많다. 하지만, 애플에는 남들과 다른 개성을 추구하고, 최신 기술에 따른 불편은 기꺼이 받아들이며, 세련된 디자인을 선호하는 충성 고객이 있다. 견고한 수요가 있다면 더 싸고, 가볍고, 오래 사용 가능한 제품이 나오는 것은 시간문제일 뿐이기에 비전 프로는 아이폰 신화를 넘어설 기술로서 주목받고 있다.

또 다른 애플의 핵심기술은 하드웨어와 소프트웨어를 모두 제작하는 능력이다. 제품생산은 외주에서 이뤄지나, 애플이 모든 부품 공급망을 관리하여 제품 조립에 대한 통제권을 가지고 있다. 반면, 다른 IT제품 생산회사의 경우, 컴퓨터는 마이크로소프트의 윈도우를, 스마트폰은 구글의 안드로이드 운영체제를 사용해야 하므로, 자기 회사만의 특화된 제품을 제작하는데 제약이 따른다.

애플은 아이폰, 아이패드, 맥북이 연결되어 하나의 기기를 사용하는 듯한 편리함을 제공한다. 아이폰의 사진을 맥북에서 편집하고, 아이폰의 전화를 아이패드로 받을 수 있다. 애플TV, 애플페이 같은 엔터테인먼트와 금융으로도 확장 중이어서, 애플의 생태계에 발을 들여놓은 사람은 떠나지 못하게 만드는 락인[lock-in] 효과가 더욱 강화될 것이다.

03 사업

회사 이름을 애플컴퓨터에서 애플로 변경하며, 컴퓨터 이외의 제품을 검토하던 애플의 눈에 들어온 것은 MP3 플레이어였다. 아이튠즈로 다운받은 음악을 MP3 플레이어에 저장할 때, 용량 제한으로 십여 곡만 가능하여 불편했다. 전 세계를 돌아다닌 끝에, 휴대할 수 있을 만큼 작으면서 노래는 천곡 이상 저장 가능한 장치를 찾아내자, 본격적으로 MP3 플레이어 개발에 착수한다. 하지만, 저장된 천곡을 하나씩 검색하는 것은 불편하기 이를 데 없었고, 다양한 버튼도 거추장스러웠다. 이를 해결하기 위해 수십 개의 노래를 건너뛰고 원하는 노래를 쉽게 찾을 수 있는 원 모양의 휠을 개발하여 편리성과 심미성을 높인 아이팟을 개발한다. 혁신적인 기능, 대용량, 세련된 디자인에 대중은 열광했고 아이팟은 날개 돋친 듯 판매된다.

하지만, 휴대폰에 카메라가 탑재되면서 디지털카메라가 사라졌듯이, 음악 플레이어가 휴대폰에 통합된다면 아이팟도 하루아침에 사라질 위험이 있었다. 이에, 아이팟에 전화 기능을 추가하여 휴대폰을 만들기로 결정했으나, 이번에는 자판이 문제였다. 수많은 연구 끝에 터치 방식의 자판을 만들고 배터리도 통합하여, 천사의 옷은 꿰맨 흔적이 없다는 말처럼 버튼 없이 매끈한 아이폰 개발에 성공한다. 모바일 기기의 대흥행 이후에는 웨어러블에 초점을 맞춰, 애플워치, 에어팟, 비전 프로를 연이어 출시한다.

시대에 따라 애플의 주력상품은 변해왔지만, 변화를 관통하는 주제는 인간의 오감이다. 눈에는 비전 프로로 혼합현실을 보고, 귀로는 에어팟으로 음악을 들으며, 입으로는 아이폰으로 전화하고, 손으로는 게임을 한다. 아이폰·아이패드·맥북·에어팟의 하드웨어와 앱스토어·아이튠즈·클라우드·애플페이의 소프트웨어가 결합한 생태계를 구축해 나가고 있다. 하나의 제품에 만족한 소비자가 인접 상품으로 확장하게 만듦으로서, 콘텐츠와 IT기기를 모두 공급하는 전략이다.

물론 비관적 전망도 있다. 테슬라의 경쟁자로 기대를 모았던 애플카의 중단이다. 완전 자율주행차가 출시되면, 애플카는 다양한 기기와 콘텐츠가 연결되는 거대한 엔터테인먼트 공간이 될 수 있었다. 하지만, 출시 연기, 책임자 퇴사를 반복하다가 결국 사업을 중단했는데, 단순히 수년간 개발시간과 투자금 낭비로 끝난 게 아니다.

다른 빅테크는 인공지능 개발에 몰두하여 가시적 성과를 만드는 동안, 애플은 인공지능을 등한시하다 보니 기술개발이 한참 뒤처졌고, 이를 만회하기 위해 구글의 인공지능을 아이폰에 탑재하는 업무 협력을 추진하고 있다. 하지만, 하드웨어와 소프트웨어를 직접 개발해 온 애플의 정체성과 사업 철학이 훼손되는 것은 아닌지 우려된다.

04 재무

애플은 아이패드, 맥북, 에어팟 같은 IT제품을 제조하는 회사지만, 영업이익률이 30%대를 유지하고 있다. 이러한 높은 수익률의 비결은 열성팬의 충성을 바탕으로 하는 높은 가격 결정력도 영향을 주었지만, 애플은 마이크로소프트처럼 소프트웨어 회사이기 때문이다.

최근 3년간 수입을 보면 제품 판매는 2022년 442조 원에서 2024년 413조 원으로 지속 하락하는 반면, 앱스토어 등의 서비스는 109조 원에서 134조 원으로 매년 10%씩 성장 추세이다. 그렇다 보니, 과거 10%대에 불과하던 서비스 수입이 이제는 총매출의 25%를 차지할 정도로 중요한 사업으로 부상하고 있다.

구분(단위 : 조원)	2022년	2023년	2024년
매출	552	536	547
제품	442	417	413
서비스	109	119	134
영업이익	167	160	172
(영업이익률)	30%	30%	32%
순이익	140	136	132
(순이익률)	25%	25%	24%

애플도 이를 잘 알고 있다. 중국의 애플 사용 규제로 인해 아이폰 매출이 지속 감소하자, 제품 할인 방식의 판매 촉진이 아닌, 서비스 매출에 역량을 집중하고 있다. 누구나 개발자로 참여하는 앱스토어를 장려함으로써, 물리적 규제를 벗어나 다양한 앱으로 고객을 끌어모으는 영리한 전략을 구사하고 있다.

05 규제

중국 공무원 및 공공기관에 애플 사용 금지령이 내려졌다. 표면상의 이유는 기밀 유출 등 보안이나, 미국이 반도체 등 첨단제품의 중국 수출 규제에 따른 보복이라는 의심을 지울 수 없다. 미래 패권국가를 차지하기 위한 다툼이기에 미중 갈등은 앞으로도 상당 기간 지속될 수밖에 없어서, 애플은 중국 정부의 요구사항을 수용한다. 시위 정보를 차단하기 위해 에어드롭 기능을 제한하고, 정치 성향의 팟캐스트도 차단한다.

 중국 규제에 따른 수입 감소를 만회하기 위해 서비스 매출을 높이려 하지만, 생각처럼 쉽지는 않다. 구글이 게임 개발회사로부터 받는 30%의 수수료가 독점금지법 위반으로 판결 나면서, 애플의 서비스 매출도 타격이 불가피하다. 애플도 아이폰에서 애플 전용 앱만 작동 가능하고, 자체 앱스토어를 통해서만 다운로드

및 결제가 가능하여, 다른 서비스 이용을 어렵게 만듦으로써 독점을 유지했기 때문이다.

 제조시장으로서 중국의 역할을 대체하는 것도 쉽지 않다. 배터리, 유리 기판 등 부품 공급회사의 절반 이상을 중국에 의존하기 때문이다. 코로나를 계기로 베트남, 태국으로 제조시설을 이전했지만, 십 년 넘게 구축한 부품 공급망과 생산 인프라까지 타국에 다시 구축하기는 어렵다. 판매 규제, 독점금지, 공급망 변경의 삼각파도와 인공지능으로 무장한 다른 빅테크의 도전으로 인해 애플의 기업가치 1위 수성은 위태로워 보인다.

테슬라

01 경영진

아이언맨의 모티브가 된 일론 머스크는 수많은 자서전, 다큐멘터리에 주인공으로 등장하는 유명인이다. 대부분의 CEO가 슈퍼리치로서 화려한 삶을 즐기고 언론 노출을 꺼리는 데 반해, 그는 공장에서 숙식하며 사업에 몰두하고, 거침없는 언행을 서슴지 않아 세간의 입방아에 자주 오르내린다.

독선적이고 부족한 공감 능력은 불우한 성장환경과 사업 과정에서 배신에 기인한다. 남아프리카공화국에서 태어난 그는 학교에서 폭행과 따돌림을 받았고, 부모님의 이혼 후 함께 살던 아버지와는 심각한 불화를 겪는다. 어린 그에게 유일한 돌파구는 현실을 벗어나 책을 읽고 공상하거나, 컴퓨터에 빠져드는 것이다. 과학, SF소설에 심취하여 외계인이 지구에 침공할 수도 있다고 우려하여 지구를 떠나 다른 행성에 살아가는 상상을 한다. 현실 세계에서는 코딩을 독학하여 컴퓨터게임을 직접 만들어 잡지사에 팔기도 한다.

스탠퍼드 대학원에 진학하였으나 수많은 인터넷 기업이 등장하는 것을 보고 창업을 고민한다. 최소한의 생활비로 살아갈 수 있는지를 체험하기 위해 한 달 동안 냉동 핫도그와 오렌지만 먹으며 생활해도 별다른 불편을 느끼지 못한다. 이에, 자신은 의식주에 관심이 없는 사람이라고 결론 내리고 ZIP2를 창업하는데, 구글 지도와 같이 온라인에 가게나 회사의 이름, 주소, 전화번호 데이터를 구축하는 회사였다. 닷컴 열풍 덕분에 컴퓨터회사 컴팩에 매각되며 20대에 이미 백만장자가 된다.

하지만, 성공에 안주하지 않고, 간편 송금이 가능한 금융회사를 설립한 후, 경쟁회사와 합병하여 온라인 결제회사인 페이팔을 출범시킨다. 사업이 확대되면서 시스템 개발, 사업전략을 놓고 합병회사 간에 갈등이 증폭되어, 신혼여행 중 대표이사에서 해임되는 굴욕을 당한다. 전화위복이랄까, 이번에는 온라인 쇼핑의 활황 덕분에 이베이에 매각되면서 수천억 원의 자산가가 된다.

대부분의 사람이라면 더 이상 골치 아픈 사업 대신 인생을 즐기며 살겠지만, 그는 어릴 적부터 꿈꿔 왔던 화성으로 이주를 위해 스페이스엑스를 창업한다. 로켓은 군사 무기로 사용될 수 있어 기술이 극비 보안일 뿐만 아니라, 막대한 자금이 소요되어 그동안 국가에서 개발을 담당해 왔다. 무모한 도전으로 파산하게 될 거라는 세간의 우려에도 불구하고, 4번째 도전에서 로켓 발사에 성공하며, 지금은 연간 100회 이상의 로켓을 쏘아 올리고 있다.

그 외에도 전기차부터 로봇까지 제작하는 테슬라, 인간의 뇌와 컴퓨터를 연결하는 뉴럴링크 등 수많은 혁신기업을 창업한다. 창업 십여 년이 지난 지금, 이들 기업은 혁신적인 성과를 내기 시작했고, 인류의 삶을 바꿔놓겠다는 그의 도전은 이제부터가 진짜 시작일는지도 모른다.

02 기술

구글의 웨이모, 중국의 바이두는 운전자의 개입이 필요 없는 4단계 자율주행인 로봇 택시를 운영 중이다. 이에 반해, 테슬라의 자율주행은 일반적인 상황에서만 직접 운전이 필요 없는 3단계 수준이다. 테슬라가 공언한 완전 자율주행이 번번이 미뤄지다 보니, 기술이 뒤처진 게 아니냐고 반문할 수 있다. 현재는 그렇다고 볼 수 있지만, 미래 상용화를 고려한다면 테슬라의 기술은 경쟁사를 압도한다.

대부분의 자율주행차는 사물 인식을 위해 카메라, 레이더, 라이더 총 3종류 장비를 사용한다.

카메라는 사람의 눈과 같이 사물을 인식하나, 주야간, 날씨에 영향을 많이 받는다. 레이더는 전파를 발사하고 반사되는 것을 파악하여 날씨에 상관없이 장애물 유무를 판단할 수 있으나, 크기, 색깔 같은 세부 사항을 파악하지 못한다. 이를 보완하기 위한 라이다는 차량 지붕 위에서 360도 회전하며 레이저를 발사하여 3D지도를 만든다. 하지만, 라이다는 양날의 검과 같아서 사물 형태를 정확히 인식하는 장점이 있지만, 분석 데이터가 방대해지고 비용이 증가하는 단점이 있다.

로봇 택시의 목적이 안전한 자율주행이라면 고가의 장비를 모두 탑재하는 것이 중요하다. 하지만, 자율주행의 목적은 합리적인 가격으로 누구나 사용이 가능한 대중화다. 이에, 테슬라는 고가의 장비를 제거하고 카메라만으로 3차원 사진을 만들기로 결정한다. 새로운 시도이다 보니 아직 기술이 완벽하지 않으나, 기술 한계를 극복하면 자동차뿐만 아니라 로봇, 드론에도 활용 가능하다.

2017년 테슬라모터스라는 사명에서 모터스를 삭제하며 자동차를 넘어 다양한 산업으로 진출하겠다고 선언한 후, 5년 만에 인간을 닮은 휴머노이드 로봇을 선보인다. 하지만, 어설픈 걸음걸이와 손을 흔드는 것뿐이라서, 장난감보다 못한 실망스러운 수준이었다. 로봇이 두 발로 걷기 위해서는 사람처럼 근육을 조절하며 균형을 잡는 고가의 장비가 필요하다. 그럼에도 불구하고 테슬라는 카메라만으로 자율주행을 개발했듯이, 고가의 장비를 모두 제거하여 3천만 원 이내의 로봇을 만들겠다고 선언한다.

엔지니어조차도 비웃을 정도로 무모한 계획이었지만, 테슬라는 이듬해 세상을 놀라게 하는 로봇 옵티머스2를 선보인다. 사람도 하기 힘든 외다리로 서서 요가하고, 손가락으로 계란을 집어 옮기는 등 균형감각과 강약을 조절하는 섬세함에서 놀라운 진보를 보인다. 놀라운 것은 로봇 전문회사도 십년이 넘게 걸리는 개발을 불과 1년 만에 달성한 것이다.

비결은 테슬라가 직접 개발한 슈퍼컴퓨터를 통한 딥러닝이다. 테슬라의 초기 자율주행은 다른 회사처럼 상황별 대응 방식을 지정하다 보니 코딩이 수십만 줄로 길어졌지만, 예상치 못한 상황이 끊임없이 생겨났다. 이에, 테슬라는 모든 코딩을 없애는 과감한 결정을 내린다. 사람이 운전을 배우듯이 인공지능에 테슬라의 수많은 주행 영상을 학습시킨다. 모범 운전자 영상에는 높은 점수를 매겨 모방하게 하고, 위험 운전자의 영상에는 낮은 점수를 매겨 회피하게 만든다.

옵티머스 로봇도 마찬가지다. 사람이 균형을 잡으며 걷고 강약을 조절하며 물건을 집는 장면을 보고, 로봇이 모방 행동을 반복하여 스스로 적정수준을 찾아내는 것이다. 이것이 가능한 이유는 컴퓨터나 기계 같은 하드웨어와 이를 통제하는 소프트웨어를 모두 직접 만들기 때문이다. 아직, 가정에서 사용하기에는 부족하지만, 공장에서 자동차를 조립하고 물건을 나르는 반복 작업 수준에는 곧 도달할 것으로 예상된다. 테슬라 공장에 수많은 로봇이 투입되고, 이들의 작업 영상을 슈퍼컴퓨터가 학습하여 로봇 업그레이드를 반복한다면, 로봇이 로봇을 생산하는 날도 멀지 않았다.

03 사업

승용차부터 SUV까지 수십 종의 자동차를 만드는 자동차 회사와 달리, 테슬라는 5종류의 자동차만 생산한다. 전기차의 특성상 높은 가격으로 인해, 생산비용을 절감하지 않으면 대중화가 쉽지 않기 때문이다. 차량 종류를 줄이면 동일 부품 활용이 가능하고, 생산시설도 변경할 필요가 없어 생산관리가 용이하다. 애플스토어처럼 도심 매장은 쇼룸의 형태로 제품을 경험하는 장소로 제공하고 판매는 홈페이지에서 직접 처리하여, 대리점 딜러에게 지급하는 수수료를 절약하고 있다.

전기차의 가장 큰 비용을 차지하는 배터리를 중국에서 저가로 공급하기 시작하면서 전기차 산업의 판세가 바뀌기 시작한다. 이제는 배터리와 모터만 있으면 누구나 만들 수 있을 정도로 대중화되어 제조회사만도 백여 개가 넘는다. 최초의 전기차라는 혁신이 더 이상 의미가 없어져 중국회사와 가격 경쟁력에서 이기는 것이 쉽지 않다. 게다가 한번 구매하면 10년을 사용하는 제품의 긴 수명주기로 인해, 전기차가 아닌 지속적인 수입 창출이 가능한 사업을 발굴해야 하는 상황이다.

이에 대한 해결책은 충전 사업이다. 테슬라의 충전소 개수는 후발주자인 GM이나 포드보다 압도적으로 많다. 편리한 충전이 전기차 선택의 주요 기준임을 고려하면 충전소를 테슬라 고객에게만 개방하는 것이 전기차 판매에는 도움이 될 것이다. 그런데, 테슬라는 반대로 충전소 개방을 선언한다. 표면적으로는 모든 전기차 충전을 가능하게 하여 정부지원금을 확보함으로써, 충전 네트워크를 확장하는 것이 목적이다.

하지만, 실질적 이유는 테슬라의 경쟁상대는 타 전기차 회사가 아니라, 엔진으로 작동하는 자동차다. 전기차의 비중은 일반 자동차 대비 여전히 미미한 수준으로, 지금은 충전 인프라를 구축하여 전기차 시장을 확대하는 것이 급선무다. 자율주행이나 슈퍼컴퓨터 관련 소스를 공개하는 것도 더 많은 회사의 참여를 유도하는 것이 목적이다.

또한, 충전소를 이용하는 타사 고객들의 충전 주기, 충전 속도, 선호 장소 같은 고객 데이터를 확보하면, 전기차 판매를 위한 잠재적 고객으로 활용할 수 있다. 충전소에 설치된 태양광 패널로 전기를 생산하고, 에너지저장 시스템에 저장하였다가 전기차를 충전하므로, 에너지저장 시스템 사업에도 도움이 되는 일석삼조인 것이다. 하지만, 휘발유 가격이 몇십 원이라도 싼 주유소를 찾듯이 충전 사업은 마진이 낮은 게 단점이다.

반면, 자율주행은 혁신적인 기술이라서, 테슬라 운전자에게 50만 원의 이용료를 부과한다면 매달 안정적인 수입을 창출할 수 있고, 다른 자동차 제조회사에 자율주행 프로그램을 판매하여 고객 범위도 확대할 수 있다. 소프트웨어 산업의 특성상 이용자가 아무리 증가해도 제조원가는 제로에 가까우니 수익성은 말할 필요도 없다.

자율주행 프로그램 사용자는 우버와 같이 자신의 차를 활용하여 택시 사업을 할 수도 있다. 대부분의 운전자는 출퇴근 시에만 자동차를 운행하고, 나머지 시간은 주차장에 세워둔다. 자신이 자동차를 사용하지 않는 시간에 자율주행 택시로 활용하면, 쉬면서 돈을 버는 것이 가능해진다.

혁신적인 자율주행의 배경에는 슈퍼컴퓨터 도조가 있다. 자율주행을 위한 모든 코딩을 없애고 인공지능이 스스로 학습하기 위해서는 무엇이 좋은 운전이고, 나쁜 운전인지를 알아야 한다. 슈퍼컴퓨터는 수백만 대의 테슬라 운행 영상을 분류하고 인공지능에 학습시켜, 어떻게 하면 교통사고가 발생했는지를 파악하여 방어운전을 하게 만든다. 사고 시 심각한 차량 손상 부분은 생산

단계에서 보강하도록 제조 공정에 반영하는 등 소프트웨어부터 하드웨어까지 슈퍼컴퓨터로 통제한다.

테슬라의 최종병기인 로봇도 주목해야 하는 사업이다. 가구당 한 대인 전기차보다 공장당 수백 대가 필요한 로봇의 수요가 훨씬 잠재력이 크다. 자율주행은 모든 상황에서 즉시 판단하여 운전해야 하며, 실수 시에 대형 인명사고를 유발할 수 있다. 반면, 로봇은 공장에서 주어진 업무를 반복하므로 불확실성이 낮고, 오작동하더라도 대형 참사가 아닌 미미한 피해에 불과하여 안전성에 대한 거부감이 적다.

로봇은 170cm, 60kg으로 평균적인 성인 남성을 본떠서 만들었다. 다리 대신 바퀴를 달거나 팔을 4개 부착하면 더 빨리 더 많은 일을 할 수 있을 텐데, 인간의 외형을 한 이유는 인간의 행동을 그대로 모방하기 위해서다. 코딩에 따른 정해진 행동이 아닌, 인간의 손가락, 팔, 다리의 움직임을 인공지능이 학습하여 로봇에게 그대로 재현시킨다. 인간과 동일한 방식으로 움직인다면 로봇을 위한 새로운 환경을 구축할 필요도 없고, 동료처럼 인간의 삶 속에 스며들 수 있다.

로봇이 자동차 생산에 투입되면 제조원가를 현저히 낮출 수 있고, 사용 과정에서 부족한 부분을 보완하여 성능을 업그레이드하면, 제조업에서 서비스업까지 사용처를 확산할 수 있다. 신약 개발 시 인간과 유사한 원숭이에게 실험하듯이, 인간에 적용하기 이전의 테스트나 위험한 업무에 투입할 수도 있다. 회사명에서 모터스가 삭제된 순간부터 테슬라는 전기차 회사가 아닌, 자율주행과 로봇이라는 인공지능 회사로 변모를 시작했는지도 모른다.

04 재무

테슬라의 전기차 판매는 매년 증가하고 있으나 성장세는 둔화하고 있다. BYD 같은 중국 전기차의 공세가 증가한 것도 있지만, 겨울이면 주행거리가 급감하고, 제품 조립 불량으로 인한 불만이 제기되며 전기차에 대한 열풍이 식고 있기 때문이다. 게다가, 트럼프 정부가 들어서면서 친환경 정책이 폐기되어 전기차 보조금까지 삭감되는 악재가 불거졌다.

이를 반영하듯 매출은 2022년 113조 원에서 2024년 137조 원으로 증가했지만, 영업이익률은 17%에서 7%로 반토막 났다. 그나마 위안을 삼을 수 있는 것은 충전소와 에너지 저장 사업 분야의 성장이 가파르다는 점이다. 2022년 14조 원에 불과했지만, 불과 2년 만인 2024년에는 에너지, 서비스 분야 매출이 2배로 급증한 29조 원을 기록하였다.

상황을 반전시킬 카드는 자율주행 택시와 로봇이다. 테슬라 소유주만의 자율주행이 아닌 자율주행 택시가 확산하면 이용자가 확대될 수밖에 없고, 자율주행의 편리성을 경험한 사람이 많아지면 자연스레 테슬라 판매 증가로 이어지게 된다.

로봇이 자동차 생산 공정에 투입되는 것도 게임 체인저가 될 수 있다. 생산 현장에서 로봇의 효용이 입증된다면 산업 전반으로 로봇 보급이 확산되는 것은 시간문제일 뿐이다. 전기차로 자동차산업을 송두리째 흔들어 놓은 테슬라가, 자율주행과 로봇으로 제2의 전성기를 만들 수 있을지는 몇 년 후면 판가름 날 것이다.

구분(단위 : 조원)	2022년	2023년	2024년
매출	113	136	137
전기차	99	115	108
에너지저장 장치 등	14	21	29
영업이익	20	13	10
(영업이익률)	17%	9%	7%
순이익	18	21	10
(순이익률)	15%	16%	7%

05 외부 환경

테슬라는 전기차를 최초로 판매했지만, 더 이상 최대로 판매하는 회사는 아니다. 중국의 BYD는 배터리회사였지만, 중국 정부의 보조금과 적극적 육성 정책 덕분에 2024년 세계 최대 전기차 판매회사가 되었다. 낮은 브랜드 인지도, 품질에 대한 의구심으로 선진국에서 중국차 판매가 테슬라를 넘어설 것으로는 생각하지 않는다.

하지만, 중국에서는 미중 갈등과 애국심 마케팅으로, 아시아, 남미 신흥 국가에서는 낮은 가격을 무기로 테슬라의 설 자리가 점점 좁아지고 있다. 이를 반영하듯 테슬라의 자동차 판매와 수익성이 모두 악화하고 있다.

날씨도 악재다. 배터리는 액체 형태의 전해질에서 전자의 움직임으로 전기를 발생하는데, 겨울에는 추운 날씨로 고체화되면서 전자가 원활하게 움직이지 못한다. 그래서 전기차 시동이 걸리지 않거나, 주행거리가 짧아지는데, 미국 북부 지역에 강추위가 몰아쳤을 때 배터리가 방전된 수많은 전기차가 도로에 방치된 장면이 보도되었다. 이에 따라, 전기차 이미지에 큰 타격을 입었는데, 고체로 이루어진 배터리가 상용화될 때까지 별다른 해결책이 없다는 게 문제다.

자율주행 사고 관련 소송도 고민거리다. 일반 자동차도 급발진 관련 소송이 많이 제기되지만, 차량 결함이 아닌 운전자의 조작 미숙을 핑계로 손해배상이 인정되는 경우가 드물다. 그런데, 자율주행은 핑계를 댈 운전자가 존재하지 않는다. 물론, 자율주행 소프트웨어의 결함인지, 불가피한 도로 환경의 문제인지 판단의 여지는 있으나, 테슬라가 자동차와 자율주행 소프트웨어를 모두 제작했으니, 결함의 책임에서 벗어날 수 없다.

자율주행 소송에서 사망자에 대한 손해배상뿐 아니라, 과실에 대한 징벌적 손해배상 청구도 허용되어 소송 부담액이 수조 원을 넘을 수도 있다. 세계 각국이 사고 방지 대책을 요구하고 있어, 안전성이 검증되지 않으면 자율주행 시스템 판매가 중단될 수 있다.

인공지능 로봇은 자율주행에 비해 안전성 논란에서 한발 빗겨나 있지만, 3천만 원에 달하는 가격이 걸림돌이다. 전기차와 로봇 모두 인공지능의 조정을 받지만, 전기차는 가속과 정지 위주의 기능인 데 반해, 로봇은 균형감각, 손가락과 관절의 미세한 움직임을 조정해야 한다. 기능이 다르니 사용하는 부품도 달라서, 전기차 대량생산 성공이 로봇 대량생산 성공을 보장하지 않는다.

우여곡절 끝에 대량생산에 성공하더라도 효용성이 발목을 잡을 수 있다. 달걀을 부드럽게 쥐고, 물건을 분류하는 인간 행동 모방이 상당한 기술임에는 분명하나, 여전히 어린이보다 못한 수준이다. 신흥국에서는 3천만 원 이하의 임금으로 숙련된 노동자를 구하는데, 인간이 훨씬 빠르게 많이 처리할 수 있는 일을 굳이 로봇에게 맡길 이유가 없다. 따라서, 로봇 사용처 확대를 위해 로봇의 성과를 인간보다 높이거나, 인간이 할 수 없는 로봇에 적합한 직무를 찾아내야 하는 과제를 안고 있다.

아마존

01 경영진

경제적 어려움은 꿈을 앗아가고 일탈로 빠지는 요인이지만, 시련을 극복하고 자신을 단련하는 도구가 되기도 하는데, 제프 베저스에게는 후자였다. 서커스 단원인 친부, 쿠바 난민인 새아빠 밑에서 성장하면서, 그는 공부만이 인생을 바꿀 수 있음을 일찍 깨닫는다. 프린스턴 대학을 수석 졸업한 후 대기업의 입사 제안을 모두 거절하고, 성장잠재력이 있는 벤처기업에 취직한다. 회사에서 일 중독자로 불릴 만큼 업무에 몰두하여 20대에 10억 이상의 연봉을 받는 임원이 되었지만, 전자상거래 시장이 태동하는 것을 보며 과감하게 창업에 나선다.

다른 기업보다 압도적으로 큰 기업을 만들겠다는 목표로 세계에서 가장 큰 강인 아마존으로 회사명을 정하고, 보관과 운송이 편리하다는 이유로 책 판매 사업을 시작한다. 서점에서 구할 수 없는 책도 아마존에는 있다는 인식이 확산하면서 매출이 급증하자, 미국 최대 서점인 반스앤드노블이 온라인 사이트를 개설하고 역공에 나선다. 하지만, 대규모 물류센터를 바탕으로 한 아마존과는 가격과 배송에서 상대가 되지 않았다.

아마존은 기세를 몰아 음반, 게임, 생필품으로 판매 품목을 다양화한다. 매출은 급증했지만, 직원과 배송시스템 구축에 모두 재투자하면서 계속 적자를 기록한다. TV 인터뷰에서 진행자가 이익profit의 철자는 아니냐며 조롱 섞인 질문을 하자, 그는 동음이의어인 예언자prophet의 철자로 대답하면서, 아마존이 월마트를 넘어 유통시장을 점령할 것이라고 예언한다.

몇 년 후, 아마존도 닷컴버블을 피해 가지 못하고, 주가가 110달러에서 90% 이상 폭락하며 한 자릿수로 떨어진다. 하지만, 그는 고객의 구매 이력을 분석해 책, 음반, 영화를 추천하는 고객 중심 서비스로 사용자의 마음을 사로잡는다. 그리고, 그동안 심혈을 기울여 준비했던 새 제품을 선보이는데, 바로 전자책이다. 전자책이 아마존의 주력사업이던 책 판매를 축소할 것이라는 우려도 있었으나, 디지털카메라를 최초로 발명하고도 필름 판매 감소를 우려하여 출시를 미루다 파산한 코닥의 전철을 밟고 싶지 않았다.

아이패드의 화려한 대형화면과 비교하면 아마존 전자책 킨들은 흑백의 소형기기여서 성능이 뒤쳐져 보이나, 흑백이지만 가독성이 높고 책이라는 아날로그 감성까지 담은 디지털기기를 개발하는 것은 쉬운 일이 아니었다. 그는 적당한 선에서 타협하는 것을 경멸하는데, 타협은 갈등과 불화를 회피하기 위한 수단일 뿐, 문제해결이 아니기 때문이다. 고객을 최우선에 두고, 요구사항을 충족시키기 위해 끊임없이 개선한 결과 흑백이지만 선명하고, 조명에 따라 밝기를 조절하여 눈의 피로를 줄이며, 책장을 넘기는 것까지 자연스럽게 표현되면서 전자책은 아마존의 대표 상품으로 자리를 잡는다.

유통기업에서 시작했지만, 이제는 드라마를 제작하는 엔터테인먼트, 온라인 컴퓨터인 클라우드까지 사업을 확대한다. 그리고. 블루 오리진을 설립하며 그의 눈은 로켓개발을 통한 우주 택배 사업으로 향하고 있다. 세계 최고의 부자에 올랐던 일론 머스크와 제프 베저스. 우주 최고의 자리를 향한 불꽃 튀는 경쟁이 지금 막 시작되고 있다.

02 기술

아마존의 핵심 경쟁력은 다양한 상품이 아니라, 인간과 로봇이 협업하는 최첨단 물류센터다. 대형 로봇팔이 흡착기를 통해 상품을 들어 올려 바구니에 담으면, 바퀴 달린 로봇이 밑으로 들어가서 바구니를 들어 올린 후, 작업자가 있는 곳으로 물건을 이동시킨다. 과거에는 로봇이 정해진 길로만 이동할 수 있어 동선의 제약이 있었으나, 이제는 사람을 만나면 정지하거나 다른 길을 찾아서 우회한다. 운반된 물품을 작업자가 포장하여 바구니에 담으면, 바코드를 찍을 필요 없이 로봇이 카메라로 제품을 스캔하여 제품이 출하된다.

최근에는 로봇팔, 바퀴 로봇에서 한발 더 나아가 사람처럼 팔, 다리를 사용하는 휴머노이드 로봇을 물류센터에 시범 도입한다. 생산공정에 투입되어 정교한 손가락 움직임이 필요한 테슬라 로봇과 달리, 아마존 로봇은 벙어리장갑처럼 단순한 손을 가졌다. 바퀴 로봇이 갈 수 없는 좁은 통로를 지나가거나, 선반에 바구니를 올리는 작업이 목적이기 때문이다. 간단한 기능은 제작 난이도와 가격을 낮춰서, 물류센터에 대규모로 투입할 수 있으므로 로봇이 동료가 될 날도 그리 멀지 않았다.

최근 빅테크의 미래 사업으로 부상하고 있는 인공지능을 가장 먼저 상품화한 곳도 아마존이다. 음성인식 스피커인 알렉사는 말로 지시하면 TV를 켜거나, 음악을 틀어주고, 날씨를 알려주는 서비스로 인기를 끌며 10억대가 넘게 판매된다. 하지만 기술 부족, 음성인식 오작동, 마땅한 사업모델 부재로 아마존 쇼핑 활성화 도구라는 한계가 있었다. 이러한 단점은 인공지능 기술의 발전으로 정확성이 향상되며 해결된다.

또한, 높은 수익률을 안겨주는 클라우드 컴퓨팅에 인공지능을 접목하여 수익모델을 확보하고, 본업인 배송에도 인공지능이 사용되면서 효율성을 높이고 있다. 인공지능이 이동 거리 최적화를 계산하여 어느 창고에서 물건을 싣고, 어느 물류센터를 거쳐 배송할지를 결정한다. 물류센터 내의 로봇이 스스로 이동 경로를 판단하는 것도 인공지능 덕분이다. 물류 혁신에 과감히 투자하고 끊임없이 개선해 온 아마존의 이력을 볼 때, 물류센터 내의 바퀴 로봇에 적용되던 자율주행이 장거리 트럭 배송에도 적용될 날이 그리 멀지 않았다.

03 사업

쇼핑은 지금의 아마존을 만든 근원으로써, 도시 주변에 대규모 물류센터를 구축하여 주요 제품을 재고로 보유했다. 이 덕분에, 국토 면적이 한국의 100배에 달하는 미국에서 익일 배송 시스템을 최초로 도입하면서 고객을 불러 모았다. 하지만, 경쟁사들이 아마존의 물류시스템을 벤치마킹 시작하면서, 온라인 쇼핑의 수익성은 갈수록 낮아졌다.

이를 해결하기 위해 일부 상품은 최소 이윤 수준으로 박리다매 전략을 채택한다. 이는 경쟁자 진입을 막는 방법으로써, 물류시스템 구축에 막대한 금액을 투자하더라도 낮은 판매가격으로 인해 수익 창출이 미미하면 신규 진입할 회사가 없기 때문이다. 이러한 노력에도 불구하고, 쇼핑 수입이 감소하자, 영화 등 다양한 서비스 제공을 확대하면서 충성 고객 확대에 집중한다. 이 덕분에 아마존 구독 회원 수는 2억 명이 넘어, 연간 구독료 15만 원을 곱하면 구독 수입만 매년 30조 원이 넘는다. 물론 구독률을 유지하기 위해 영화, 책, 음악 콘텐츠에 재투자가 이뤄지지만, 구독 서비스는 광고 수입에 맞먹을 만큼 중요한 비중을 차지한다.

최근에는 원격 의료회사, 약국을 잇달아 인수하여 병원에서 치료하고 약국에서 처방받을 필요 없이, 전화 한 통화로 진료와 처방을 받는 것이 가능하다. 보험사마다 치료비 지원이 가능한 병원이 다르고, 예약을 통해서만 진료가 가능한 복잡한 미국 의료체계를 고려하면 혁신적인 방식이다.

한편, 아마존은 구글, 페이스북과 같은 광고회사이기도 하다. 자체 구입한 제품을 판매하기도 하나, 판매자에게 웹사이트를 제공하는 플랫폼이다. 아마존의 영향력이 커질수록 제품 검색 시 판매회사를 상단에 배치하길 원하는 회사도 많아져 광고 수입도 증가한다.

한편, 매출 비중은 작으나 아마존 수익의 절반을 차지하는 알짜 사업은 클라우드 컴퓨팅이다. 아마존은 크리스마스 같은 성수기에는 많은 서버를 사용하고, 비수기에는 서버를 줄이는 유연한 시스템 활용 능력을 축적했다. 이것이 클라우드 컴퓨팅 사업으로 발전하여, 현재는 후발주자의 2배가 넘는 30%의 점유율을 기록하고 있다. 쇼핑에서 터득한 대규모 물류센터의 노하우를 데이터센터에 적용하여, 저렴한 가격에 서비스를 제공하는 것이 가능했기 때문이다.

가격, 용량, 속도 외에는 차별화가 없던 클라우드 컴퓨팅에 지각변동을 가져온 것은 인공지능이다. 오픈AI와 합작한 생성형 인공지능을 마이크로소프트가 클라우드에 제공하기 시작하면서 아마존과의 격차가 줄어들고 있지만, 아마존은 오픈AI의 경쟁사인 앤트로픽에 대규모 지분투자를 하며 클라우드 사업 경쟁력 강화를 위해 노력하고 있다.

04 재무

아마존 매출은 온라인 쇼핑이 80% 이상으로 압도적인 비중을 차지한다. 알리바바, 바이두 같은 중국회사의 부상이 위협적이지만, 아마존의 경쟁력은 충성스러운 고객이다. 아마존의 프라임 멤버십은 여러 차례 인상되어 현재는 연간 회원비가 20만 원임에도 불구하고, 회원 수가 3억 명에 달해, 회원비 수입만 60조 원에 달한다.

클라우드 등 서비스 부문 매출은 2024년 144조 원으로 전체 매출액의 20% 수준에 불과하지만, 영업이익에서는 절반 이상을 차지한다. 블랙프라이데이, 크리스마스 같은 쇼핑 성수기의 온라인 주문 증가에 대응하기 위해 증설된 컴퓨터 서버를, 쇼핑 비수기에 활용하기 위한 방안이 클라우드 서비스 사업의 시초였다. 그 후, 서버 증설 노하우와 최적화된 네트워크 구성으로 빠른 시간에 클라우드 서비스의 강자로 자리매김했다.

구분(단위 : 조원)	2022년	2023년	2024년
매출	720	805	893
쇼핑	608	678	749
클라우드 등 서비스	112	127	144
영업이익	17	52	97
(영업이익률)	3%	6%	11%
순이익	-4	42	83
(순이익률)	-	5%	9%

05 외부 환경

아마존의 고민은 야심 차게 추진했던 신사업의 실패로서, 종업원과 계산대가 없는 무인상점인 아마존고가 대표적이다. 휴대폰에 앱을 설치하고 신용카드를 등록하면, 사람이 물건을 가져갈 때 인공지능이 센서를 인식하여 자동으로 결제한다. 바코드 인식을 위해 제품에 스캐너를 갖다 대거나, 결제를 위해 계산대에 긴 줄을 서거나, 도난 감시가 필요 없는 첨단 시설이다. 아마존고가 출점했을 때, 첨단 기술로 일자리 상실이 가속화될 것이라는 보도가 쏟아졌다.

몇 년이 흐른 지금은 어떨까? 셀프 계산을 하는 무인가게는 많이 생겨났지만, 자동 계산되는 아마존고는 폐쇄됐다. 자동 계산을 위해서는 제품의 이동과 가격을 인식하기 위해 상하좌우에 수많은 센서가 필요하다 보니, 막대한 설치비용이 소요된다. 이를 만회하기 위해 제품 가격을 인상하면 고객이 찾지 않게 되는데, 슈퍼마켓을 선택하는 기준은 가격, 품질, 제품의 다양성이지 신기술이 아니기 때문이다.

아마존의 야심 찬 계획은 자동결제 매장의 편리성이 얼리어답터를 중심으로 입소문이 나서, 집 주변에 매장 출범을 원하는 사람이 많이 생겨나게 만드는 것이었다. 그렇게 되면 인프라 구축 비용이 절감되어 매장 경쟁력이 향상되므로, 온라인 쇼핑처럼 높은 시장점유율을 달성할 수 있을 것으로 기대했지만 첫 단계에서 좌절됐다.

십년 넘게 진전이 없는 드론 배송도 골칫거리다. 배송의 절반 이상이 3kg 미만의 소형제품이라서 드론으로 배송하면 물류비용과 시간이 절약된다고 설명한다. 그러나 드론 배송에는 제품의 무게, 날씨 외에도 고려 사항이 너무 많다. 드론이 목적지까지 추락 없이 안전하게 날아가서, QR코드가 부착된 집의 위치를 인식해야 한다. 제품을 안전하게 낙하시킬 마당도 있어야 하며, 고객이 제품을 개봉할 때까지 상품이 무사히 보관되어야 한다.

그러나, 단계마다 힘든 난관이 도사리고 있다. 드론이 새와 충돌하거나, 전선에 걸려 낙하할 경우에 대비하여 차량이 드론을 따라다녀야 했다. QR코드가 훼손되어 목적지를 인식할 수 없었고, 마당의 나뭇가지에 걸려 제품이 제대로 착지하지 못했다. 반려동물이나 스프링클러로 제품이 손상되는 일도 발생했다.

최초 의도와 달리 큰 비용이 들고, 오래 걸리며, 배송 결과도 만족스럽지 못했다. 결국 드론 배송은 차량이 접근할 수 없고, 드론 추락 시 안전 문제가 없는 섬이나 산악지역에만 적합한 것으로 드러난다. 무인 드론 배송은 비상 상황에서 조종사가 긴급 대처할 수 없어, 앞으로도 안정성 문제로 도심 비행은 어려울 것으로 예상된다. 오랜 연구개발로 큰 비용을 들였지만, 개발을 중단할 수도, 시행을 확대할 수도 없는 계륵으로 전락했다.

메타

01 경영진

티셔츠를 즐겨 입고, 공부보다는 장난을 좋아할 것 같은 주근깨 소년. 혁신적인 제품을 만드는 다른 기업과 달리, 메타의 사업은 삶을 더 즐겁고 재밌게 만드는 거라서, 저커버그 역시 카리스마보다는 친근함이 느껴진다. 의사인 부모 밑에서 유복하게 성장하면서, 고등학교 시절 컴퓨터 게임을 직접 개발하고, 하버드에 입학할 정도로 다방면에 뛰어났다.

그런 그가 컴퓨터를 전공한 것은 당연한데, 심리학을 부전공한 것은 다소 의아하게 여겨질 수 있다. 하지만, 사람에 대한 호기심과 관심 덕분에 그는 페이스북의 전신인 여학생 인기투표 사이트를 만들었다. 아쉽게도, 당사자의 동의를 거치지 않은 백인 여성 위주의 사진이라, 사생활 침해, 인종차별 비판이 제기되면서 사이트를 폐쇄할 수밖에 없었다.

그러나, 하루 만에 수천 명이 투표할 정도로 흥행한 사업을 이대로 포기하기 아까워, 문제점을 하나씩 해소해 나간다. 본인이 직접 사진과 소개 글을 올리도록 하여 무단 사용이나 차별 문제를 해결했고, 인기투표가 아닌 인맥을 쌓는 소통, 교류의 장으로 개편한다. 반응은 폭발적이었고 주변 대학에서도 가입자가 확산하자, 빌 게이츠처럼 하버드를 중퇴하고 창업에 나선다.

페이팔을 창업했던 피터 틸을 비롯한 다양한 투자자로부터 자금을 유치한 후, 직원을 확충하고 해커톤을 통해 본격적으로 페이스북의 기능을 개선한다. 해커톤Hackathon은 해킹Hacking과 마라톤Marathon의 합성어로 며칠 동안 집중하며 다양한 아이디어를 제시하고, 프로그램을 개발하는 대회다.

해커톤을 통해 가장 먼저 시행한 것이 나이 제한을 없애 가입자를 확대하고, 소개 대상을 사람이 아닌 물건으로 확대한 것이다. 이를 계기로 기업이 음반, 제품, 브랜드를 홍보하는 수단으로 페이스북을 사용하면서 급성장하게 된다. 친구의 게시글과 활동 내용을 나타내는 뉴스피드, 상대방의 글에 공감을 나타내는 '좋아요' 표시, 인기를 가늠하는 척도인 팔로우 등 다양한 기능이 모두 해커톤의 결과물이다. 빅테크로 성장한 지금도 초심을 잃지 않고, 신선한 아이디어 발굴을 위해 해커톤 행사를 지속하고 있다.

　이런 다양한 기능 덕분에 이용자 수는 십억 명을 넘어섰고, 이용자 수가 늘자, 광고가 폭주한다. 구글, 야후로부터 1조 원에 인수하겠다는 제의도 받았지만, 페이스북의 가치가 수십조에 이를 거로 전망하며 매각하지 않는다. 페이스북의 성공 이후 이미지 공유 중심의 인스타그램, 대화 중심의 왓츠앱을 잇달아 합병하면서 SNS 제국을 만들어 간다. 앱들을 연결하여 따로 저장된 연락처를 불러오거나 상호 소통이 가능하게 하여 진입장벽도 높인다.

　메신저인 스레드를 출시한 후, 트위터를 인수한 일론 머스크와 감정싸움이 발생하자, 격투기를 제안하는 철없는 모습을 보이기도 한다. 이런 유치한 행동 때문에 CEO답지 못하다고 비난하는 사람도 있지만, 어쩌면 그 무거운 걸 왜 드냐는 싸이의 노랫말처럼, 철들지 않는 장난스러움이 새로운 사업에 대한 호기심과 열정의 원천이 아닐까?

02 기술

미니홈피, 일촌 신청, 방명록. 이 단어를 듣고 싸이월드를 떠올렸다면 여러분은 아마 40대 이상일 것이다. 지금의 카톡만큼 2000년대 국민 SNS로 사랑받았던 싸이월드는 역사 속으로 사라졌는데, 비슷한 기능의 페이스북은 어떻게 세계적 기업으로 발돋움할 수 있었을까?

비결은 개방과 연결이다. 페이스북은 모든 기술자가 자유롭게 앱을 개발할 수 있도록 프로그램을 공개하고, 다른 SNS에서 글을 써도 페이스북에 등록이 가능하다. 자신이 입력한 정보를 바탕으로 학교, 회사 친구를 자동으로 추천해 줘서 헤어졌던 사람과 다시 연락을 닿게 해준다.

인공지능도 다른 빅테크와 달리 누구나 개발할 수 있도록 공개했는데, 당장의 수익보다는 인공지능 개발 생태계를 확대하기 위한 전략이다. 오랜 기간 가상현실 사업을 하며, 앞선 기술과 장비가 있어도 사용자가 적으면 사업을 확대할 수 없음을 깨달았기 때문이다. 신제품이 확산되기 위해서는 즐길 거리가 풍부해야 참여를 유도할 수 있다. 가상현실의 경우 여행, 쇼핑 같은 혼자만의 놀거리뿐 아니라, 콘서트, 게임처럼 다 같이 즐길 콘텐츠가 풍부해야 확산될 수 있다. 그래서, 애플이 공간 컴퓨팅 장비인 비전 프로를 출시했을 때, 경쟁자가 아닌 가상현실 이용자를 확대할 협력자로 여겼을 것이다.

메타는 사람 간의 연결이 주된 사업이다 보니 얼굴인식, 실시간 번역에서 인공지능을 오래전부터 활용해 왔다. 페이스북, 인

스타그램의 수많은 글과 사진을 바탕으로 데이터를 세세히 분류하지 않아도, 인공지능이 스스로 학습하여 메신저, 광고 제작에 활용하고 있다. 인간처럼 사고하는 초거대 인공지능 개발을 위해 엔비디아의 그래픽카드를 10조 원 이상 구매계획이 있는 것만 보더라도, 메타가 인공지능 사업에 얼마나 진심인지 알 수 있다.

03 사업

메타의 사업은 페이스북, 인스타그램, 왓츠앱 등의 SNS와 가상현실로 구분되는데, SNS가 매출의 98%를 차지하며, 대부분이 광고 수입이다. 사용자가 미국, 유럽, 아시아로 분산되어 있으나, 모두 높은 시장 점유율을 갖고 있다. 하지만, 요즘 광고에서 중요시하는 것은 이용자 수가 아닌 이용 시간이기에 안심할 수는 없다. MZ세대는 글자보다 영상이 대세로 페이스북보다 유튜브의 이용 시간이 늘고 있고, 짧고 인상적인 영상이 선호되면서 틱톡의 성장세도 무섭다.

가상현실 사업은 VR기기 회사인 오큘러스를 인수하면서 본격화된다. 2014년 메타가 3조 원이라는 거금을 들여 오큘러스를 인수하자, 사람들은 생소한 회사를 비싼 가격에 인수하는 것에 의구심을 가진다. 오큘러스의 창업자는 기술자도 천재도 아닌 게임광이었고, 시중의 게임장비가 불만족스러워 크라우드 펀딩으로 자금을 모은 후, 자신이 직접 3D게임장비를 만든 괴짜였기 때문이다.

  이전의 고화질 3D장비는 착용이 불편할 정도로 크고 무겁거나, 3D플라스틱 안경처럼 조잡하여, 조금만 눈을 돌리면 입체가 사라지는 문제가 있었다. 반면, 오큘러스의 3D기기는 오른쪽 눈과 왼쪽 눈의 시각 차이를 통해 거리감을 생성하여 3차원을 인식하는 점에 주목하여, 동일한 사물을 조금 다른 각도에서 촬영한 장면을 왼쪽 눈과 오른쪽 눈에 각각 표출한다. 안경에는 센서를 설치하여 머리가 움직이는 만큼 화면도 움직이게 하여, 시야가 움직이면 3D가 사라지는 문제도 해결한다.

  이렇게 출시된 VR기기는 게임 이용자를 열광시켰다. 더 이상 평면의 모니터에서 제한된 화면이 아닌, 상하좌우로 3D화면이 변하는 게임을 할 수 있었기 때문이다. 메타의 인수 이후, 입체감이 더욱 현실화되고, 시각뿐 아니라 촉각으로 진동이 전해지는 장비로 다양화되면서, 메타는 가상현실에서 가장 앞선 하드웨어와 소프트웨어를 모두 보유한 회사가 된다.

04 재무

메타는 빅테크 회사 중 광고 수입 의존도가 압도적으로 높아, 전체 매출의 95% 이상을 차지한다. 테슬라처럼 제품 제작비가 들지 않아, 메타의 2024년 영업이익률은 40%가 넘는 경이로운 수준이다.

페이스북, 인스타그램, 왓츠앱을 합한 메타그룹의 이용자 수는 30억 명이 넘는다. 막대한 이용자 수는 메타의 광고단가를 높이는 원동력이지만, 광고 수입은 양날의 검과 같아서, 경제 불황 시 기업은 광고비부터 삭감하게 되므로 메타의 수입도 한순간에 급락할 위험이 상존한다. 게다가, 젊은 세대의 유튜브, 틱톡 같은 영상 플랫폼으로의 전환이 가속화되고 있어, SNS 제국으로서 메타의 위상도 흔들리고 있다.

메타 역시 이러한 약점을 잘 알고 있어, 인공지능 개발에 사활을 걸고 있다. 다른 빅테크 회사와 달리 메타의 인공지능 소프트웨어는 누구나 사용이 가능한 오픈소스 방식이다. 인공지능 개발 환경을 구축하고, 소프트웨어 개발에 천문학적인 비용을 사용하고도 무료로 모든 결과물을 배포하는 것은 자선사업이 아니다. 무료 공개를 통해 인공지능 개발 생태계에서 영향력을 확대하면 장기적으로 메타의 수입으로 돌아오고, 광고에 지나치게 편중된 수입구조를 다변화할 수 있다.

구분(단위 : 조원)	2022년	2023년	2024년
매출	164	189	231
광고	158	185	225
앱 수수료 등	6	4	6
영업이익	41	66	97
(영업이익률)	25%	35%	42%
순이익	32	55	87
(순이익률)	20%	29%	38%

05 외부 환경

페이스북은 빅테크 중 가장 많은 소송을 당한 기업 중 하나다. 애플같이 혁신적인 제품을 만드는 기술기업은 특허침해가 피할 수 없는 숙명인 데 반해, 첨단 기술이 필요 없는 온라인 네트워킹 회사에 소송이라니 의아하게 여겨질 것이다. SNS는 누구나 만들 수 있는 사업이다 보니, 기술이 아닌 아이디어나 사업모델에 대해 소송을 제기하기 쉽다.

대표적인 것이 소셜네트워크라는 영화로 제작되기도 했던 윙클보스 형제의 소송이다. 하버드 동창이었던 이들은 하버드 커넥션이라는 소개팅 사이트 개발을 저커버그에게 의뢰했는데, 아이디어를 도용해 페이스북을 만들었다고 주장한다. 수년간 소송과

취하를 반복한 끝에 천억 원이 넘는 페이스북 주식과 현금을 받고 합의한 후, 페이스북이 상장되자 곧 주식을 처분한다.

아깝다! 주식을 지금까지 보유했다면 페이스북이 빅테크가 되면서 갑부가 됐을 텐데라는 탄식이 들리는 듯하다. 하지만 인생사 모르는 일, 여기서부터 반전이 펼쳐진다. 윙클보스 형제는 이 돈으로 비트코인을 매수하고 암호화폐 거래소 제미니를 설립하는데, 이후 결과는 아시다시피 비트코인이 폭등하며 수조 원의 부를 거머쥔다.

다른 하버드 동창생은 페이스북 회사명 취소 소송을 제기하면서, 자신이 페이스북을 만들었다는 내용의 자서전을 증거로 제출한다. 이번에도 페이스북은 곧바로 합의 금액 비공개 조건으로 소송을 종결한다. 이 외에도 페이스북이 팩트 체크를 표시함으로써 자신의 자료가 허위 사실처럼 보여 명예가 훼손됐다는 이용자의 손해배상 소송, 청소년의 SNS 중독을 유도하여 정신건강에 손해를 입혔다는 소송까지. 페이스북에 소송은 늘 현재 진행형이다.

개인정보와 관련된 규제도 페이스북에는 악재다. 심리학자가 페이스북 사용자에게 질문하여 분석한 개인 성향을 선거 활동에 사용하려다 적발된다. 내부 직원은 코로나 백신 부작용, 대통령 선거 조작 등의 부정적 게시물을 집중적으로 표출하여 여론을 조장한다고 증언한다. 이 일로 과태료가 부과되고, 페이스북

계정 삭제 운동도 벌어진다.

개인 맞춤형 광고를 위해 SNS 사용자 데이터를 수집한 것은 개인정보 보호를 이유로 금지되며 유럽에 2조 원의 벌금을 납부하기도 한다. 엎친 데 덮친 격으로 유럽에서 미성년자를 대상으로 부적절한 콘텐츠를 제공하거나, 플랫폼 간에 개인정보를 결합 활용하는 것을 규제하는 디지털 시장법도 도입된다. 이에, 페이스북은 유럽에서 광고 없는 서비스를 도입하여 눈앞의 제재는 피했지만, 광고 수입 위축이 불가피하다.

가상현실과 인공지능을 둘러싼 투자 환경도 녹녹지 않다. 과거 회사 이름을 페이스북에서 메타로 바꿀 정도로 가상현실에 올인했으나, 코로나 종식으로 가상현실 산업이 쪼그라들면서 수십조 원의 적자를 기록한다. 갑작스럽게 주력사업을 가상현실에서 인공지능^{AI}으로 전환하는 것을 보고, 이번에는 회사명에 i를 붙여 멧AI^{MetAI}로 바꾸라는 조롱도 생겨난다.

가상현실 사업의 대규모 적자로 인해 비용을 절감하고 재무구조를 개선해야 하는 상황인데, 인공지능 사업에 섣불리 나서는 건 아닌지 우려된다. 수익성이 검증되지 않은 상황에서 대규모 투자는 또다시 재무 상황을 악화시킬 수밖에 없기 때문이다. 그렇다고 소극적으로 대처하면 다른 빅테크와 기술격차가 확대되므로 투자를 중단할 수도 없다. 진퇴양난에 처한 메타가 어떤 결정을 내릴지 지켜보자.

닮은 듯 다른
빅테크의 공통점

톨스토이의 안나 카레니나 첫 소절은 누구나 한 번쯤 들어봤을 것이다. "행복한 가정은 모두 비슷하고, 불행한 가정은 제각기 다른 이유로 불행하다." 빅테크도 업종과 제품은 다르지만, 성공한 기업으로서 많은 공통점이 있다. 설립된 지 20년 내외로 역사가 비교적 짧고, 실리콘밸리를 중심으로 미국 서부 지역에 본사가 있으며, 뛰어난 인재를 보유하고, 자율과 창의성을 중시하는 기업 문화를 가지고 있다.

하지만, 유망한 기술과 많은 투자금을 유치하고도 사라져간 수많은 신생 하이테크 기업 중에서 이들이 빅테크로 성장할 수 있었던 결정적 이유는 세 가지다. 첫째, 창업자의 전문성이다. 이는 좋은 학벌이나, 제품을 직접 제조하는 기술을 보유해야 함을 의미하지 않는다. 기존의 제품에 만족하지 않고, 독창적이고 혁신적으로 제품과 기술을 이해하는 엔지니어적 사고방식을 말한다. 엔지니어engineer는 능력이나 재능을 뜻하는 라틴어 인제니움ingenium에서 유래했는데, 독창성ingenuity과 천재genius도 모두 같은 뿌리에서 나온 단어다.

자신이 직접 제품을 설계하고 조립하지 않더라도, 어떤 성능, 디자인, 기술이 필요한지를 이해하고, 자신의 제품이 어떻게 세상을 바꿀지를 전망할 수 있어야 한다. 혁신의 대명사로 불리는 애플의 스티브 잡스는 대학 첫 학기에 중퇴한 고졸의 학력이지만, 마우스와 그래픽 중심의 개인용 컴퓨터를 만들고, 전화, 음악, 인터넷이 결합 된 아이폰을 만들었다.

제프 베저스도 월스트리트의 금융회사에서 일하다가 전자상거래의 태동을 보고 아마존을 창업했다. 고객 만족이라는 목표를 위해 기술자, 디자이너와 끊임없이 협의하며 웹사이트를 개편했다. 전자책 기기인 킨들 개발 시에는 눈의 피로도를 고려한 밝기, 실제 책을 보는 것과 같은 편의성을 위해 기술자와 끊임없이 소통했다. 대규모 물류센터 구축과 다양한 로봇을 투입할 때도 최적의 동선을 끈질기게 연구했다.

둘째, 하드웨어와 소프트웨어를 모두 개발하는 통합능력이다. 과거에는 컴퓨터의 본체, 모니터 장비와 이를 작동시키는 프로그램을 별도로 구분했다. 하지만, 애플의 공간 컴퓨팅에서 보듯이 이제는 물리적인 컴퓨터가 존재하지 않고, 내 눈앞의 모든 곳이 컴퓨팅 공간이 될 수 있다. 두뇌인 소프트웨어의 지시를 잘 수행하려면 팔다리에 해당하는 하드웨어의 기능이 뛰어나야 하고, 하드웨어의 작동이 원활해지려면 소프트웨어가 효율적인 결정을 내려야 하므로, 분리가 아닌 연결이 중요하다.

 독점을 깨기 위해 수많은 반도체 회사가 연합하여 고성능의 그래픽카드를 출시하고 있지만 엔비디아의 명성은 여전히 굳건하다. 십여 년 전부터 그래픽카드와 코딩 프로그램을 함께 개발하며, 이 둘의 조합이 다른 제품과 호환되지 않게 만들었기 때문이다. 이로 인해, 개발자들은 그래픽카드와 개발 프로그램을 한 세트처럼 사용해 오면서 수많은 코딩 데이터가 엔비디아 생태계에 누적되어 있다. 경쟁사가 아무리 뛰어난 성능의 제품을 내놓아도, 개발자는 다른 제품을 써서 개발할 수 없는 환경이다.

 메타도 마찬가지다. 가상현실에서 회의, 쇼핑, 채팅으로 타인과 소통하고 협업하는 프로그램을 개발하여 온라인 생태계를 구축하였다. 동시에 가상현실에 접속하여 다양한 기능을 조종하는 헤드셋과 장비도 직접 제작하여 하드웨어와 소프트웨어가 통합되어 있다.

 마지막으로, 혁신을 통한 생활의 변화다. 과거에 존재하지 않던 새로운 것으로 삶을 풍요롭고 편리하게 만들었기에 빅테크가 될 수 있었다. 마이크로소프트는 명령어를 입력해야 작동하는 텍스트 기반의 컴퓨터를 마우스로 작동하는 그래픽 기반으로 변경하면서 전 세계 컴퓨터 운영체제를 장악했다. 지금은 인공지능이 워드, 엑셀, 파워포인트 보고서를 대신 작성하는 기능으로 사무 업무에 혁신을 가져왔다.

구글은 인터넷 검색의 신뢰성과 정확성을 향상시켰고, 누구나 동영상을 공유하게 함으로써 TV와 신문을 대체하는 1인 미디어 시대를 열었다. 최근에는 인공지능을 통해 신소재, 신약 개발에 기여하고 있다. 테슬라는 전기차로 친환경에 이바지하고, 자율주행과 로봇으로 인간의 삶을 획기적으로 변화시키는 연구를 진행하고 있다.

지금까지 빅테크의 창업 배경, 성공 비결을 살펴본 결과, 모두 다른 기업이지만 비슷한 성장 과정을 거쳐왔음을 알 수 있었다. 이제는 십년 후 빅테크를 꿈꾸는 신생 하이테크 기업을 살펴보자.

2부
신생 하이테크

산업은 장기간에 걸쳐
변화가 진행되는 시대의 흐름이므로,
미래 유망분야를 알기 위해서는
기업보다 산업을 탐구해야 한다.

신생기업에도 위아래가 있다

스님이 지나가던 중학생에게 길을 묻자, 학생은 당신이 누군데 반말이냐고 따져 물었다. 스님이 자신은 중이라고 얘기하자, 학생은 가소롭다는 듯이 내가 중3이라서 형이라고 대답했다. 오래된 유머를 꺼낸 이유는 어른에게는 다 같은 중학생처럼 보이지만, 중학생 사이에서 2학년과 3학년은 하늘만큼 차이가 나기 때문이다.

    신생 하이테크 기업도 마찬가지로, 기술 단계, 제품 상용화 수준에 따라 기업가치를 측정하는 방법이 천차만별이다. 우선, 구체적인 사업계획 없이 아이디어와 기술만 있는 창업 초기 기업은 스타트업이다. 성과가 존재하지 않으니, 기업의 가치도 측정할 수 없어, 창업자를 보고 판단할 수밖에 없다. 제품은 없지만 제품을 개발하는 구체적인 로드맵이 있고, 기술에 대한 이해도가 높으며, 실패든 성공이든 과거 창업 경험이 있다면 가산점을 받는다. 기업의 생존 여부도 불확실하다 보니, 창업자의 지인이나 모험 성향의 투자자가 주로 참여한다.

다음으로, 기술의 완성도가 높아져 시제품 제작 단계이면 벤처기업이다. 시제품을 제작한다는 것은 공략 대상 시장과 고객이 정해졌다는 것으로서 현재 시장 규모, 향후 시장 확대 가능성, 점유율을 고려하여 기업가치를 간접적으로 측정할 수 있다. 회사는 인원 확충, 생산시설 확보를 위해 투자 유치가 필요하고, 제품의 성공 가능성을 알아본 얼리 어답터가 투자에 참여한다.

기술과 생산의 난관을 극복하고 상용화 제품을 출시하면, 투자금과 직원도 확보한 중소기업 단계다. 제품 출시가 판매를 보장하지 않다 보니, 품질이 떨어지거나, 가격이 비싸거나, 소비자의 취향과 맞지 않는 이유로, 매출이 저조한 경우가 많다. 따라서, 매출에 근거하여 기업의 가치를 평가하는 것은 부적절하므로, 사용자 수, 경쟁사의 시장진입 상황을 비교하여 기업가치를 평가한다.

다음 단계는 제품을 대량 생산하며 기업가치가 1조 원이 넘는 유니콘이다. 대량 생산을 한다는 것은 큰 시장이 존재한다는 뜻이므로 매출과 이익을 기준으로, 현재 재무성과에 미래 성장성과 수익성을 반영하여 숫자 중심으로 기업가치를 평가한다. 유니콘이 됐다고 해서 기업의 생존이 보장되는 것은 아니며, 기업가치가 50조 원을 넘었던 위워크도 한순간에 파산했다.

우량기업이 되기 위해서는 일회성 반짝 매출이 아닌 지속적인 매출이 발생해야 하는데, 이를 위해서는 제품이나 시장을 다변화하고, 신제품이 구제품을 밀어내고 대중화되는 캐즘을 극복해야 한다. 캐즘Chasm은 지층에 균열이 생겨 단절되는 것을 의미했는데, 신기술 제품이 출시되면 소비자가 적응하고 신제품으로 갈아타기까지, 매출이 단절되는 현상을 뜻하는 것으로 확대되었다.

예를 들어 MP3플레이어, 스마트폰이 처음 출시되었을 때 얼리 어답터가 적극 구매하면서 매출이 급증한다. 그러나, 대부분의 사용자는 기존의 CD플레이어나 2G폰을 선호하므로, 얼리 어답터의 구매가 끝난 시점부터 매출이 급감하며 침체기를 겪게 된다. 캐즘의 이유가 신기술에 대한 이해 부족 때문이라면, 스마트폰의 편리성과 유용성을 경험한 이후에는 자연스레 매출이 증가한다. 하지만, 캐즘이 신기술에 대한 거부감이나 무 효용성 때문이라면, 홍보를 변경하고, 제품을 개선하는 등의 대책을 세우지 않으면 구글의 스마트 글래스처럼 역사의 뒤안길로 사라질 수 있다.

창업 시 가졌던 아이디어가 기술 개발, 시제품 제작, 제품 출시, 대량 생산, 캐즘 극복까지 5단계를 모두 극복해야 10년 후에도 기업이 생존할 수 있다. 단계별로 생존확률이 30%라면 5단계를 모두 극복해서 우량기업이 될 확률은 얼마나 될까? 1단계 30%, 2단계 9%(0.3×0.3), 3단계 3%(0.3×0.3×0.3), 이렇게 계산하면 5단계는 0.2%에 불과하다. 십년 후 생존확률도 이렇게 낮은데, 빅테크는 이런 생존기업과의 경쟁에서 일등을 해야 하니, 그 확률이 얼마나 희박할지 두말할 필요가 없다.

신생 하이테크 기업을 살펴보기도 전에 이런 암울한 얘기를 하는 것은 냉정한 현실을 직시하기 위해서다. 이 책에 언급될 10여 개의 기업 중 10년 후에도 살아남은 기업은 1~2개에 불과할지도 모른다. 상당수는 제품개발에 실패하고, 대량 생산에서 좌절하며, 캐즘을 넘지 못하고 파산할 것이기에 종목 추천이 아님을 명심하기를 바란다.

아래에서 등장하는 기업은 신생 하이테크 기업을 분석하는 방법을 모르고, 외국회사라서 언어장벽과 정보 부족으로 어려움을 겪는 사람들에게 기업 분석 방법을 보여주는 예시에 불과하다. 이를 바탕으로 인터넷에서 뉴스를 번역하여 기술 동향, 제품개발 상황, 사업성과 등을 지속적으로 업데이트하고, 자신만의 분석 방식과 투자 원칙을 수립하는 것은 여러분의 몫이다.

그리고, 해당 기업과 산업을 충분히 이해한 후, 자신의 위험 성향을 고려하여 투자 여부를 결정해야 한다. 신생 하이테크 기업은 조그만 시장충격에도 존폐가 결정되므로, 소중하게 모은 자금을 한순간에 모두 잃을 수 있기 때문이다. 그 누구도 주가 변동을 예측할 수 없으므로, 항상 자기 판단 자기책임의 원칙을 명심하기를 바란다.

1장
달에서 화성까지 :
우주산업

01 역사

수금지화목토천해명. 어, 이상한 데라는 느낌이 드는가? 명왕성은 1930년 발견된 이후 70년 넘게 태양계의 9번째 행성이었지만, 천문학 기술의 발달로 명왕성과 유사한 행성이 계속 발견되자 천문학계는 혼돈에 빠진다. 유사한 행성을 모두 인정하고 태양계 행성 수를 계속 늘려 나갈지, 아니면 행성으로 인정하지 않기 위해 명왕성도 퇴출할지를 결정해야 했다.

세계 천문학회에서 행성은 태양의 주위를 공전하며, 충분한 질량으로 구 형태를 이루고, 궤도에서 지배적인 역할을 해야 한다는 기준이 수립되면서, 명왕성은 행성에서 퇴출당한다. 그래서

2006년 이후 초등학교에 다닌 MZ세대라면 수금지화목토천해의 8개 행성까지만 태양계 행성으로 배운다.

이런 슬픈 역사로 인해 명왕성을 뜻하는 플루토^{Pluto}는 강등되다, 평가절하하다라는 부정적인 동사로 사용되기 시작하지만, 여전히 명왕성에 대한 애정을 나타내는 사람도 많다. 우주탐사선 뉴호라이즌호가 명왕성을 지나며 찍은 사진에서 하트 모양의 대륙이 발견된 후, 인간은 명왕성을 버렸지만, 명왕성은 여전히 우리를 사랑한다는 말이 생겨나며 명왕성에 대한 사랑이 더욱 확산된다. 이런 사연을 아는 것일까? BTS도 퇴출당한 명왕성의 새로운 이름인 134340이라는 제목으로, 연인과의 이별을 명왕성의 지위 상실에 빗댄 노래를 발표하기도 한다.

우주탐사 로켓은 2차 세계대전에서 독일이 개발한 V2 미사일에서 뿌리를 두고 있다. 전쟁이 끝나자, 소련은 독일에 남아있던 V2 미사일과 생산시설, 기술자를 데려가서 소련에 동일한 미사일 시설을 지어 빠르게 로켓기술을 습득한다. 이 덕분에 소련이 1950년대에 세계 최초 인공위성을 발사하자, 세계 최강이라고 자부하던 미국은 충격에 빠지고, 소련이 미국에 핵탄두를 탑재한 로켓을 발사할 수 있다는 두려움을 갖게 된다.

미국은 우주개발을 전담할 나사를 설립하고, 독일에서 V2 미사일 개발했던 과학자와 가족을 미국으로 망명시켜 연구개발에 몰두한다. 그 결과, 아폴로 11호 개발에 성공하여 달 착륙에서는 소련을 앞지르게 되고, 아폴로 17호까지 잇달아 달에 착륙한 후, 달 탐사는 중단된다. 그 후 50년이 흐른 지금, 소련에서 중국으로 경쟁자는 바뀌었지만, 달 탐사 경쟁이 다시 불붙기 시작했다.

달 탐사에 항상 따라붙는 질문은 과거에 정말 달에 갔는지와 왜 지금은 못 가는가이다. 우선, 달 착륙은 사실이지만, 아무리 많은 증거를 얘기해도 음모론자들은 증거가 조작되었다고 의심할 것이다. 마치 아직도 지구가 평평하다고 믿거나, 이집트의 피라미드를 외계인이 건설했다고 믿는 사람에게는 그 어떤 증거도 무효하다. 지금까지 닐 암스트롱을 포함해 총 6개 우주선 12명이 달에 착륙한 것은 사실이니 받아들이자.

지금 못 가는 이유는 안타깝게도 관련 기술이 무용지물이 됐기 때문이다. 여러 차례 달 착륙에 성공하며 소련과의 기술격차가 확실해지자, 달 탐사에 관한 관심이 급속도로 사라진다. 달 착륙에 드는 막대한 비용이 예산 낭비라는 지적이 제기되면서 나사의 예산이 대폭 삭감된다.

우주선 개발 기록이 남아있더라도 50년 넘게 방치된 사업이다 보니, 지금 달 착륙을 위해서는 모든 것을 처음부터 다시 시작해야 한다. 당시의 컴퓨터는 지금의 스마트폰보다 성능이 떨어지며, 장비는 아날로그 방식에, 우주선 내부는 승용차보다 더 좁은 열악한 환경이었다. 그러므로 50년 전의 방식을 재현하는 것보다는, 앞으로의 우주탐사에 활용가능한 고성능의 차세대 우주선을 처음부터 새로 만드는 것이 훨씬 낫다.

그렇다고, 나사가 수십 년간 쉬고 있었던 것은 아니다. 대중의 관심과 예산 확대를 위해 달 대신 우주탐사로 방향을 전환하고 태양계를 탐험하기 위해 보이저호를 발사한다. 그렇게 13년을 날아간 보이저호는 해왕성을 지날 때 카메라를 돌려 지구 사진을 찍어 보내는데, 깜깜한 우주에 먼지만큼 작은 빛으로 보이는 사진이 그것이다.

천문학자 칼 세이건은 이 사진을 창백한 푸른 점이라 부르며 우주의 광활함을 다음과 같이 묘사한다. '우리가 우주에서 특권적인 위치에 있다는 자만심과 가식은 창백한 점 하나로 정당성을 의심받게 되었다. 지구는 거대하게 둘러싸인 우주에 떠 있는 작은 점에 불과하며, 이 사진은 인간의 자만심이 얼마나 어리석은지 보여준다.'

보이저호에는 외계인에게 전달하는 인류의 메시지가 레코드판에 담겨 있다. 표면에는 수록된 데이터를 해석하는 법을 그림으로 새겨 넣었고, 레코드판에는 한국어 '안녕하세요'를 포함한 55개 언어의 인사말, 지구의 사진과 소리가 담겨 있다. 지구에서 발사한 지 50년이 다 되어가지만, 보이저호는 지금도 태양계를 넘어 운항 중이다.

태양의 빛도 닿지 않는데, 보이저호가 이렇게 오랜 기간 멀리까지 탐험할 수 있는 것은 행성 주위의 궤도를 돌며 중력을 활용하여 가속도를 높이고, 원자력 배터리를 사용하기 때문이다. 보이저호는 1초에 지구를 7바퀴 도는 빛의 속도로 가더라도 하루가 걸리는, 지구로부터 200억km가 넘는 태양계 밖을 항해 중이다. 나사의 웹사이트(Where are the Voyagers now)에서 보이저호의 현재 위치를 검색할 수 있으니, 우주기술을 둘러싼 소모적인 거짓 논란이 미지의 우주를 탐험하는 이들에 관한 관심과 응원으로 바뀌기를 희망한다.

이처럼 우주개발에 필수인 로켓기술은 막대한 연구비용이 소요되고, 미사일 기술과 동일한 극비 보안 군사기술로 처리되다 보니, 국가에서 개발을 주도하는 올드스페이스$^{old\ space}$로 불렸다. 이 시기의 우주개발은 민주주의와 공산주의가 자신의 정치체제 우수성을 알리고, 국민을 결속시키기 위한 수단에 불과했다.

하지만, 지금은 정치적 목적이 아닌 경제성이 최우선시되면서 혁신적 아이디어와 신기술로 무장한 기업이 중심이 되는 뉴스페이스$^{new\ space}$ 시대다. 이러한 시대 변화는 지구상 최고의 부자인 일론 머스크의 스페이스엑스와 제프 베저스의 블루오리진이 등장한 2010년대부터 본격화된다.

스페이스엑스는 비효율을 제거하고 로켓 재활용을 통해 비용을 과거보다 90% 이상 절감하여 연간 100회 이상 로켓을 발사하고 있다. 블루오리진은 우주여행을 위한 시험발사에 성공했고, 달 착륙선을 개발 중이다. 현재 우주기술이 가장 앞선 것으로 평가받는 중국은 우주정거장을 독자적으로 운영하고, 무인 착륙선이 달 뒷면의 샘플을 채취할 정도로 발전했다. 인도와 일본도 무인 달 착륙선에 성공하고, 한국도 다누리호가 달 궤도에 진입하였다.

향후 10년은 달착륙에 그치는 것이 아니라, 달 거주를 위한 달기지 건설을 목표로 하고 있다. 가장 대표적인 것이 중국, 러시아, 파키스탄 등 핵무기 보유국이 연합한 2035년 달기지 건설계획이다. 겉으로는 과학탐사, 지구와의 운송 인프라 구축을 내세우고 있으나, 달 자원개발, 군사시설로 활용될 가능성이 높다. 이에 맞서 미국 등 선진국도 아르테미스 계획을 발표하며, 달을 화성 탐사를 위한 중간 기착지로 활용하기 위한 개발을 선언했다. 바야흐로 한계가 없음을 나타내는 영어 표현(The sky is the limit.)의 sky가 space로 바뀔 시간이 왔다.

02 목적

이러한 각축전의 배경에는 달 탐사가 자원개발을 위한 수단이기 때문이다. 달에는 반도체, 배터리 같은 첨단제품에 사용되는 희귀한 금속인 희토류가 많다. 특히, 지구에 없는 헬륨3은 차세대 친환경 전력발전인 핵융합을 위한 필수 요소로서 1g이 석탄 수십 톤에 이를 정도로 막대한 에너지를 생산할 수 있다. 태양에서 우주로 뿜어져 나오는 헬륨3의 경우, 지구에서는 대기권에서 타 버리지만, 달에는 수백만 톤이 쌓여 있다.

또한, 태양 빛이 도달하지 않는 달의 남극에 물이 얼음 형태로 대규모로 존재할 것으로 추정된다. 물은 인간이 달에서 거주하기 위한 필수 조건으로, 식용뿐 아니라, 산소와 수소로 분리하면 로켓 연료로 활용가능하다. 물은 달의 흙먼지와 함께 달 기지 건축에 사용할 수도 있다. 밤낮의 기온 차가 수백 도로 차이가 나는 극한 환경과 우주방사선 등 극복해야 할 과제도 많지만, 대학에 우주 건축학과가 개설되는 등 다양한 실험이 시도 중이므로 실용적인 방식이 나올 것으로 전망한다.

달은 먼 우주를 탐사하기 위한 중간 기착지로도 중요한 목적을 가진다. 지구에서는 중력을 벗어나기 위해 많은 에너지를 연소해야 하고, 이를 위해서는 더 큰 로켓이 필요한 악순환에 빠지나, 달은 지구 중력의 1/6에 불과하다. 버스 터미널처럼 달에 기지를 건설하여 로켓이 달에 도착한 후, 연료를 보급받고 우주로 발사되면 저비용 고효율의 우주탐사가 가능하다.

마지막으로, 우주는 중력, 온도, 압력이 지구와는 완전히 다르므로, 테스트 장소로도 유용하다. 달의 가혹한 환경에서 작동하는 기술과 제품은 지구 기술 수준을 뛰어넘는 성능을 보장하고, 지구에 없는 새로운 소재나 제품을 만들 수도 있다.

우주개발에서 유래한 대표적인 기술은 위치정보를 나타내는 GPS다. 지구궤도를 도는 여러 개의 위성으로부터 신호를 받아, 위성과 자신 간의 거리가 조금씩 차이가 나는 것을 계산하는 방식이다. 이러한 자료가 지리정보 구축, 내비게이션에 활용되면서 교통체계를 최적화하고, 삶의 편의성을 높였다. 침대 매트리스, 베개에 사용하는 메모리폼도 우주인을 보호하기 위해 개발되었다. 우주선 발사 시 지구 중력보다 서너 배 많은 압력을 받게 되므로, 우주인을 보호하기 위해 스펀지보다 부드러우면서 탄성이 좋은 흡수체가 필요했기 때문이다.

코로나 기간에 체온 측정에 많이 사용된 적외선 체온계도 별의 온도를 측정하기 위해 열에너지를 전자기파로 측정하는 기술에서 비롯되었다. 이를 체온 측정에 활용하니, 신체에 온도계를 접촉할 필요가 없고, 신속하게 많은 환자의 체온을 측정할 수 있어 코로나 확산 방지에 큰 기여를 했다.

식품 안전 기준인 해썹 HACCP도 우주식량 개발에서 비롯되었다. 우주개발 초기 우주식량은 군용 비상식품보다 못한 수준이다 보니, 비상식량을 몰래 숨겨서 우주선에 탑승하는 일이 생겼다. 이에, 오염물질의 우주선 유입에 따른 질병을 방지하기 위해 원재료부터 가공단계까지 위생 기준을 마련하게 되었는데, 이것이 식품 안전 기준으로 확대된 것이다.

이 외에도 소방 장비, 건물단열재 등 우주기술이 실생활에 활용되는 부분은 나열하기 힘들 정도로 많다. 앞으로 달 탐사가 아닌 달 거주지 건설이 본격화된다면 이에 필요한 기술과 인프라 개발이 본격화될 것이다. 이렇게 개발된 기술과 제품은 새로운 시장을 창출하고, 일상생활의 안전성과 편의성 향상에 기여할 것이다.

03 분야

우주산업 중 가장 빨리 상업화가 진전된 분야는 위성 사업으로서, 과거에는 1만km 이상의 고궤도에 대형 위성을 발사했다. 고궤도는 중력의 영향이 미치지 않아, 정지 상태로 한 지역을 24시간 관찰하는 장점이 있다. 그러나, 고도가 높다 보니 정밀한 관찰이 불가능하며 통신 지연이 발생했다.

    요즘은 1천km 이내의 저궤도에 수많은 소형위성을 발사한다. 총알보다 빠른 속도로 지구 둘레를 회전하다 보니 한 지역을 촬영하기 위해서는 수십에서 수천 개의 위성 군집이 필요하다. 지구와 근접하다 보니 정밀 관찰이 가능하고, 통신 속도도 빠르며, 일부 위성이 고장이 나더라도 다른 위성을 통해 24시간 이용할 수 있다. 미래의 자율주행, 에어택시, 증강현실에 필수품이다 보니, 6G 위성통신이 보편화될 날도 멀지 않았다.

정찰, 감시 군사위성도 우크라이나 전쟁을 계기로 주목받는 분야다. 현대의 전쟁은 드론, 전투기, 미사일이 전자장치로 작동되어 통신이 필수다. 러시아는 우크라이나의 통신시설을 파괴하면 몇 주 안에 전쟁을 끝낼 거로 생각했지만, 스페이스엑스가 무상으로 위성 인터넷을 제공하면서 전쟁이 수년째 이어지고 있다. 이를 통해, 세계 주요 국가는 비상 상황 대비 자체 통신망의 중요성을 인식하고 군사위성을 지속 확대하는 추세다.

민간 분야에서의 위성 활용도 활발한데, 대표적인 것이 태풍, 지구 온난화를 모니터링하는 기상 관측 위성이다. 또한 항공 촬영 사진을 바탕으로 빅데이터를 분석하여 광산, 삼림 개발에 활용하는 위성 사업 분야도 확대되고 있다.

이 외에도, 달 표면을 탐사하는 자동차, 원자재를 채굴하는 기계 장비, 기지를 건설하는 건축 장비와 같은 인프라 사업도 있다. 우주의 무중력은 지구에서 불가능한 과학실험을 가능케 하여, 의약품에 쓰이는 단백질을 새로운 형태로 만들거나, 다양한 인공장기를 만들 수 있다. 최근에는 위성사진 데이터가 광범위해지면서, 지구와 데이터를 주고받을 필요가 없는 우주 클라우드 사업도 검토 중이다. 앞으로는 달에서 거주하는 인간이 자급자족할 수 있도록 건축, 에너지 발전까지 우주산업이 확대될 것으로 예상된다.

04 전망

우주산업의 경제성이 확인되자, 주도권을 차지하기 위한 경쟁이 격화되고 있는데 미국은 달 표준시간 제정을 추진 중이다. 현재는 로켓 발사국의 시간을 사용하다 보니, 국가별로 통일되지 않고 중력이 약해 지구보다 시간이 미세하게 느려서 시차가 발생하기 때문이다. 중국은 미국의 이런 시도가 달을 식민지화하는 정책이라며 강하게 반발하고 있다.

분쟁을 막기 위해 달은 어떤 국가도 소유할 수 없다는 우주조약에 100개국이 넘게 가입하고 있지만, 정작 우주개발에 가장 앞서 있는 미국, 중국, 러시아는 미가입 상태라 무용지물이다. 오히려 미국은 국가나 기업이 달에 독점 구역을 설정할 수 있다는 아르테미스 협정을 영국, 캐나다 등과 체결하였다. 달에서 채굴한 자원에 대한 제약은 없기에, 채굴을 선점하기 위한 우주 강국들의 레이스는 이미 시작되었다.

지금까지 달 착륙에 성공한 나라는 미국, 러시아, 중국, 인도, 일본 5개국뿐인데, 중국이 로켓 강국이 될 수 있었던 것은 아이러니하게도 미국 덕분이다. 중국의 로켓 아버지로 불리는 첸쉐썬은 1950년 미국 MIT와 칼텍에서 교수로 근무했다. 그러나 갑자기 공산주의자로 몰려 수년간 가택연금을 당한 후, 한국전쟁의 미군 포로와 교환되면서 중국으로 추방된다. 그는 미국에 대한 치욕을 갚기 위해 중국 과학기술대학교와 우주개발청을 설립하고, 인공위성 발사를 통해 우주개발의 기틀을 만들었다.

지금처럼 매년 수천 개의 위성을 쏘아 올리면, 몇 년 후에는 위성 발사 수요가 사라져 사업성이 없어지는 건 아닐까라는 의심이 들 수 있다. 결론부터 말하면 기우에 불과한데, 소형위성의 수명은 5년 미만이며, 5년 넘게 위성이 작동하더라도 중력에 의해 조금씩 추락하고 있기 때문이다. 위성이 일정 수준 이상 하락 시 추진 장치로 궤도를 높일 수 있으나, 연료량은 한정되어 있다. 연료를 많이 탑재하면 위성이 무거워지고, 다시 더 많은 연료가 필요한 악순환에 빠진다. 그래서, 5년간 사용한 위성은 지상으로 추락시켜 대기권에서 전소되고, 새로운 위성을 발사하는 것이 더 낫다.

이처럼 우주산업은 고난도 기술, 막대한 투자 비용, 장기간 연구개발로 인해, 대부분의 우주개발 회사는 제대로 된 제품개발에 성공하지 못하거나, 자금 부족으로 존폐의 기로에 처한다. 하지만, 이런 악조건을 이겨내고 살아남으면 강력한 진입장벽으로 작용하여 장기간 독점 수입이 가능해진다.

이를 반영하듯 2020년 50조에 불과하던 스페이스엑스의 기업가치는 불과 4년 만에 10배 급증한 500조를 기록한다. 소련의 세계 최초 인공위성 발사에 충격을 받은 미국의 케네디 대통령은 자존심 회복을 위해 달 탐사를 선언했다. 2024년 무인 탐사선

달착륙에 잇따라 실패하며 중국과 인도에 체면을 구긴 트럼프 대통령은 다시 미국을 위대하게 만들기 위해, 독립 250주년이 되는 2026년에 화성 착륙 계획을 발표할 것이라는 기대가 고조되며 우주산업이 붐을 이루고 있다. 매일 새롭게 우주 역사를 써 내려가고 있는 기업을 만나볼 준비가 됐는가? 지금, 카운트다운이 시작된다.

스페이스엑스

01 경영진

스페이스엑스를 얘기할 때는 2인자인 그윈 숏웰을 알아야 한다. 일론 머스크는 아무 가치가 없는 암호화폐 도지코인을 달나라로 보내겠다는 발언으로 폭등시키고, 메타의 CEO인 저커버그와 격투기 경기를 선언하며, 대마초가 불법인 시절 인터넷 방송에서 대마초를 피우는 온갖 기행을 일삼았다.

 이런 사람에게 대형 살상 무기가 될 수 있는 로켓 사업을 맡길 수 있을까라는 의구심이 제기되는 것은 당연했다. 그때마다 사업에 대한 우려를 불식시키고 로켓 판매에 성공하며 우주 사업의 새역사를 써 내려갈 수 있었던 건 그윈 숏웰 덕분이다.

노스웨스턴대학에서 기계공학과 수학을 전공한 그녀는 우주개발 회사에서 연구자로 10년간 일한다. 우연히, 동료의 소개로 만난 머스크가 직접 엔진과 부품을 개발하며 로켓 발사 비용을 낮추는 데 전념하고 있다는 얘기를 듣는다. 우주개발 산업의 숙원이었지만, 모두가 불가능하다고 여기는 문제에 도전하는 것에 매료되어 과감하게 스페이스엑스에 합류한다.

초기 상황은 호의적이지 않았다. 나사와 국방부는 수의계약 방식을 바꾸려 하지 않았고, 경쟁사는 로켓의 안전성과 폭발 위험성을 거론하며 검증되지 않은 회사와 로켓 발사 계약을 못 하도록 로비했다. 수십 년간 과점하던 산업에 새로운 경쟁자가 낮은 가격으로 진입하면 수익성 악화가 불을 보듯 뻔하기 때문이다.

우주산업의 불공정 카르텔에 분노한 머스크는 나사가 수천억 원의 프로젝트를 경쟁입찰이 아닌 수의계약으로 처리해 왔다며 입찰 무효 소송을 제기한다. 의회에 출석하여 나사의 업무처리는 예산 낭비라고 증언하면서, 우주산업의 최대 고객인 나사와의 관계는 악화 일로를 달린다.

하지만, 그녀는 다른 접근 방식을 취했다. 부드러운 미소로 상대방의 의견을 경청하다가도, 기술적인 부분에서는 엔지니어로서의 전문성을 발휘하여 대범한 방식을 제안한다. 고교 시절 치어리더로 활동한 외향적인 성격은 다양한 사람과의 인간관계에서 효과를 발휘한다. 남성 중심의 우주산업에서 영향력을 넓혀 나갔고, 결국 나사가 투명한 경쟁입찰을 도입하게 만든다.

이 덕분에 스페이스엑스가 로켓 시험발사에 성공하고도 로켓 발사를 위탁하는 고객이 없어 파산에 직면했을 때, 나사의 입찰을 따내며 운영자금을 확보한다. 회사 주력사업을 대형 로켓으로 전환하고 개발이 지연되어 구조조정에 나서야 할 때, 직원을 설득한 것도 그녀다.

그녀의 고군분투에 대한 보답인지, 때마침 시장 환경도 저렴한 가격에 다수의 로켓을 발사하는 방식으로 변화한다. 기존의 대형 회사는 비효율적인 하청구조로 인해 수익을 맞출 수 없어 입찰에 포기한다. 드디어, 스페이스엑스에 기회가 찾아왔고, 이 기회를 발사 성공으로 입증하며 더 큰 계약을 체결하는 계기가 된다.

모두가 함께 일하기 어렵다고 토로하는 일론 머스크를 20년 넘게 보좌하며, 그녀는 정부, 민간의 주요 고객을 관리하고 회사 운영의 전반을 책임진다. 혁신을 넘어 때로는 무모할 정도로 담대한 일론 머스크의 꿈과 상상력을 현실 세계에서 실현 가능한 일로 조율하는 그녀의 능력이 앞으로 우주산업을 어떻게 바꿀지 기대된다.

02 기술

11회 로켓 발사 중 7회 성공한 발사 성공률 64%. 이는 30년 넘게 우리나라가 수많은 과학자를 투입해서 이뤄낸 결과다. 초라하다가 느낄 수도 있지만, 로켓은 대륙 간 미사일로 사용될 수 있어, 모든 기술이 극비사항이며 부품 수입도 규제받는다. 이로 인해 모든 기술을 밑바닥부터 하나씩 개발하다 보니, 시행착오와 실패는 숙명이다.

스페이스엑스도 소형로켓, 대형 로켓 개발 과정에서 많은 실패를 겪었지만, 개발 후에는 99%가 넘는 압도적인 성공률로 대규모 발사를 이어오고 있다. 2010년 대형 로켓인 팰컨9을 발사한 이후 100회 발사까지 10년이 걸렸지만, 101회부터 200회까지는 2년에 불과하고, 지금은 연간 100회 이상 발사한다.

발사 횟수뿐만 아니라, 크기도 압도적이다. 대형 로켓인 팔콘헤비는 높이가 70m, 무게는 1천 톤이 넘는다. 엔진만 27개가 부착되어, 비행기 20대와 맞먹는 추진력을 낸다. 로켓이 대형화될수록 더 먼 우주를 비행할 수 있고, 더 많은 짐을 실을 수 있어 달기지 건설에 필요한 많은 장비를 보낼 수 있다. 인류를 화성에 보낼 초대형 로켓인 스타십은 높이가 120m, 무게가 5천 톤으로 초고층 아파트 한 동이 날아가는 것과 비슷한데, 2024년 발사에 성공하면서 우주 개발사에 위대한 기록을 남긴다.

하지만 핵심기술은 성공률도, 대형 로켓도, 대규모 발사도 아닌 로켓 재활용이다. 지금까지는 로켓을 발사하여 100km 고도에 오르면 무거운 1단 로켓을 분리하여 바다에 버리는 것을 당연시했다. 로켓 분리 시 낙하 속도가 엄청나고 조종사가 없으니, 비행을 조절하는 것이 불가능하다고 여겼기 때문이다.

그러나, 스페이스엑스는 수많은 실패 끝에 로켓 자세를 변경하고, 날개로 방향을 조정하며, 역추진을 통해 속도를 제어하여 착륙하는 데 성공한다. 이는 두 가지 측면에서 획기적인 성과로, 우선 비용 절감이 가능하다. 만약 비행기가 일회만 사용하고 폐기된다면 항공요금은 지금보다 수십 배가 높아 대중화에 실패했을 것이다. 로켓 제작비의 60%를 차지하는 1단 로켓이 10회 이상 재사용 가능해지면서, 수조 원에 달하던 우주탐사 비용이 1천억 원 이내로 감소하고 통신, 제약과 같은 다양한 산업으로 수요가 확대된다.

둘째, 발사와 착륙이 모두 가능해야 우주탐사 후 지구로 귀환할 수 있다. 우주인은 많은 경쟁률을 뚫고 선발될 만큼 경쟁이 치열한데, 높은 지력, 체력뿐 아니라, 강인한 도전 정신과 협력심이 요구된다. 하지만, 지구로 돌아올 수 없다면 우수한 인력의 도전이 급감하게 될 것이고, 이는 결국 우주탐사의 성공률 하락으로 이어질 게 뻔하다.

로켓 착륙 기술을 선보인 지 10년이 지났지만, 다른 회사 중

우주 궤도까지 로켓을 보낸 후 착륙에 성공한 회사는 아직 없다. 스페이스엑스가 기술 유출을 우려해 한 건의 특허도 등록하지 않아, 경쟁사는 모든 기술을 하나씩 실험하며 터득해야 하기 때문이다. 누구나 로켓을 만들 수 있지만 재착륙 가능한 로켓은 아무나 만들 수 없고, 그것이 스페이스엑스의 핵심 경쟁력이다.

03 사업

스페이스엑스의 사업은 크게 로켓 발사와 위성통신이다. 원래는 로켓을 만들지 않고 러시아의 오래된 로켓을 구입 후 개조하여 사용하려 하였으나, 터무니없는 가격을 보고 직접 로켓을 만들기로 결심한다. 엔진부터 로켓발사대 제작까지. 아무도 하지 않던 일이기에 지금 하는 방식이 맞는지 틀렸는지 몰라 수많은 시행착오와 실패를 겪는다.

세 번 연속 로켓 발사가 실패하며 회사의 운영자금이 바닥날 위기에 처했으나, 극적으로 네 번째 발사에서 성공하고 나사와 계약을 체결하면서 기사회생한다. 기존 발사 비용보다 훨씬 저렴하다 보니 국방부, 우주사령부 같은 공공부문과 민간기업의 계약이 급증한다. 그 후, 다양한 대형 로켓을 개발하여 발사 횟수가 연간 100회에 이르는 세계 최대 로켓회사가 된다.

위성통신 사업은 안정적인 수익 창출의 원천이다. 우리나라처럼 국토가 좁고, 인구밀도가 높은 국가는 지하에 인터넷 선을 매설하는 비용보다 수입이 많다. 하지만 국토가 넓은 미국, 섬이 많은 필리핀 등은 인터넷 선을 구축하는 비용이 높아, 위성 인터넷이 대안이다. 지상 500km 내외의 낮은 고도에서 수천 개의 위성이 작동하므로, 끊김이 없는 고속의 인터넷 서비스가 가능하여, 외딴 지역뿐 아니라 선박, 항공기에서도 이용 가능하다.

현재 위성의 크기는 1m 이내로 소형화된 반면, 로켓은 대형화되어 약 60개의 위성을 한꺼번에 발사할 수 있어 비용이 크게 절감되었다. 지난 5년간 5천 개가 넘는 스타링크 위성을 발사하면서 획득한 노하우로 위성 제작비용도 지속 감소했다. 게다가 기존에는 안테나를 장착한 수신기가 있어야 인터넷이 가능했지만, 2024년 스마트폰과 위성 간 직접 연결에 성공하여, 별도의 장치가 필요 없어 편의성도 크게 개선되었다. 앞으로는 로밍하지 않고 국내에서 사용하던 휴대폰으로 전 세계에서 동일한 요금으로 통화하는 것이 가능한 시대가 멀지 않았다.

04 재무

비상장회사이다 보니 재무 현황에 대해 공개된 자료가 없다. 다만, 컨퍼런스 발표, 언론 인터뷰 등을 종합하면 2024년 매출 17조 원, 영업이익은 4조 원 수준으로 전망된다. 우주 인터넷 사업도 플랫폼 사업과 같아서, 수천 대의 군집위성을 구축하기까지 큰 비용이 든다. 하지만, 인터넷망이 갖춰지게 되면 이용자가 증가하더라도 신규 비용은 거의 발생하지 않아, 수익성이 빠르게 개선되면서 흑자로 전환한다.

2024년 스페이스엑스가 기존 주주로부터 주식을 공개 매수한 가격을 기준으로 산정하면 기업가치는 이미 500조 원을 넘어섰다. 스타링크 사업이 초기임을 감안하면, 테슬라의 시가총액도 멀지 않은 시기에 넘어설 것으로 보인다.

2022년 7조 원의 매출이 2년 만에 17조 원으로 두 배 이상 급증한다. 이러한 급증의 배경에는 스타링크 통신위성이 있다. 우크라이나 전쟁을 계기로 우주 통신위성의 위력이 입증되자, 전 세계에서 가입자가 폭발적으로 증가했다. 스타링크 이용자는 2023년 2백만 명, 2024년 5백만 명으로 추정된다.

항공사, 선박회사 같은 기업 중심의 수요도 확산하는 추세다. 인공지능, 자율주행, 로봇 같은 4차 산업혁명의 선제조건이 빠르고 끊김이 없는 인터넷임을 감안한다면, 사용자 수가 어디까지 확대될지 가늠할 수 없다.

구분(단위 : 조원)	2022년	2023년	2024년
매출	7	13	17
로켓 발사	4	6	6
통신위성	3	6	11

05 외부 환경

미국 통신사 AT&T는 스페이스엑스의 위성 전화 서비스가 자사의 무선통신 서비스에 방해가 된다며 강력히 반발하고 있다. 통신 분야에서 강력한 경쟁자의 등장을 막으려는 속셈으로, 과거 장거리 전화 독점으로 강제 기업 분할을 겪은 AT&T가 스페이스엑스의 사업 확장을 가만히 두고 볼 리가 없다.

환경 단체의 반발도 우려된다. 로켓 발사에 사용되는 연료와 파편이 주변 환경을 파괴하고, 수천 개의 통신위성이 우주쓰레기가 되어 지구환경을 오염시킬 것이라고 주장한다. 수명이 다한 위성 추락 시 동물이나 인간 거주지가 파괴될 것이라고 얘기한다. 수천 개의 위성이 밤하늘을 밝혀 생태계를 교란하고, 별자리를 관측하는 천문학에도 피해를 준다고 설명한다.

많은 논란에도 불구하고, 스페이스엑스가 압도적인 기술력으로 장기간 우주개발 시장을 주도할 것임에는 이견이 없다. 아쉽게도, 스페이스엑스는 비상장 기업이라 주식을 매수할 방법이 없다. 테슬라의 초기 투자자였던 바론 캐피탈도 소수의 지분만 운 좋게 확보했다고 할 정도로 전 세계 투자자가 스페이스엑스의 상장을 기다리고 있다. 하지만, 테슬라의 대량 생산 실패 시 주주들의 지나친 경영 간섭과 공매도 세력의 공격을 겪었던 일론 머스크가 동일한 실수를 반복할 리는 없다.

대안으로, 안정적인 수익 창출이 가능한 스타링크 사업 부문만 분리하여 상장하는 방안이 거론된다. 화성 탐사선 개발은 전기차 생산과는 비교도 안 될 정도로 위험하고 장기적인 사업인데, 주주는 이를 기다려 주지 못한다. 반면, 스타링크는 매년 인터넷 수입으로 안정적인 매출이 가능하므로, 스타링크에서 벌어들인 돈으로 스페이스엑스에 통신위성 발사를 의뢰하고, 스페이스엑스는 이 돈을 화성 탐사선 개발에 사용하는 우회전략이 예상된다.

로켓랩

01 경영진

우주산업의 전망이 밝다고 해서 모든 우주기업이 유망한 것은 아니다. 로켓 발사회사인 버진 오빗은 파산했고, 아스트라 스페이스는 상장폐지 되었으며, 수천억 원의 투자금을 유치했던 수많은 회사가 로켓 발사에 실패하며 사라졌다. 하지만, 이런 역경을 이겨내고 발사 횟수에 있어 스페이스엑스 다음으로 2위를 차지하고 있는 기업은 로켓랩이다. 여전히 수천억 원의 적자를 기록하고 있지만, 스페이스엑스가 갖고 있던 50회 발사기록을 8년에서 7년으로 1년 앞당기며 최단기간 기록을 경신했다. 2024년 연간 16회 로켓 발사에 성공했고, 1조 원 이상의 수주 잔고를 보유 중이다.

실리콘밸리의 하이테크 기업 창업자들과 달리, 피터 벡은 대학을 나오지 못했고, 첨단산업보다는 휴양지가 어울리는 뉴질랜드에서 로켓랩을 창업했다. 내세울 만한 학력도, 경력도 없던 그가 로켓회사를 창업한다고 했을 때 아무도 그의 성공을 예상하지 못했다. 하지만, 그의 성공에는 빅테크 경영진과의 공통점이 있으니, 엔지니어적 관점에서 모든 개발 과정에 직접 참여하는 점이다.

천문대에 근무한 아버지 덕분에 청소년 시절부터 우주에 관심이 많던 그는, 천문학회에 참가하며 별을 관찰하고, 물로 발사되는 로켓 만드는 것을 즐긴다. 청소년이 되어 로켓엔진을 직접 만들겠다고 생각하게 되고, 오토바이 엔진을 개조한 로켓 바이크 레이스까지 참가하게 된다. 고등학교 졸업 후에는 식기세척기 제조회사, 요트 수리회사 등에서 낮에는 엔지니어로 근무하고, 밤에는 로켓개발을 지속하면서 전문적인 기술에 대한 갈망이 커진다.

결국, 제대로 된 로켓기술을 배우고 싶어 미국회사들을 방문했다. 그러나, 자신이 생각했던 소형로켓을 제작하는 회사가 없다는 것을 깨닫고 기대는 실망으로 바뀌지만, 생각을 바꿔 자신이 직접 뉴질랜드에서 창업하기로 결심한다. 이후, 인재 확보, 국방부 사업 수주를 위해서 미국으로 본사를 이전하고, 10년의 개발 끝에 소형로켓 발사에 성공한다.

　기술의 발달로 위성이 소규모로 제작되어 대형 로켓은 필요 없다고 선언하지만, 몇 년 후 스페이스엑스가 위성 군집화를 위해 대형 로켓으로 소형위성 수십 개를 한꺼번에 발사하는 것을 목격한다. 그는 모자를 믹서기에 갈아 먹으며 자기 잘못을 인정하고, 재사용이 가능한 중형로켓 개발 계획을 발표한다. 왜 하필 모자일까? 라는 의문이 들겠지만, '내 손에 장을 지진다'라는 뜻이 영어로 모자를 먹는다I will eat my hat는 표현이기 때문이다.

　중형로켓 개발과 동시에 소형로켓의 재활용 방안에도 착수하여, 1단 분리 후 낙하하는 로켓이 낙하산을 펼치면 헬기가 갈고리로 로켓을 낚아채는 방식을 시도한다. 다소 황당해 보이는 방식이지만, 소형로켓은 크기가 작아 착륙 때 역추진에 필요한 여분의 연료를 실을 수 없다. 아쉽게도 헬기가 낙하산을 놓치거나, 로켓을 낚아챈 후 균형을 잃으면서 재활용 시도는 실패로 끝난다.

　하지만, 다른 회사의 금속 로켓과 달리, 로켓랩은 탄소섬유로 만들어져, 바다에 낙하해도 물에 뜬다는 점에 주목하고 주요 부품을 모두 방수 처리한다. 1단 분리 후 바다에 빠진 로켓을 건져 올려 일부 엔진 재활용에 성공한 후, 로켓 전체 재활용을 추진 중이다. 로켓엔진을 3D프린터로 만들고, 바다에 빠진 로켓을 건져 올려 재사용하는 등 관행과 상식을 뛰어넘는 발상이 로켓랩과 다른 소형로켓 개발회사의 운명을 가른 비결이 아닐까?

02 기술

로켓 산업은 오랫동안 록히드마틴과 같은 일부 군수업체가 과점하면서, 관련 회사만 계약 정보를 공유하는 그들만의 리그였다. 고객이 국방부 같은 정부 기관으로 한정되고, 예산 범위 내에서 계약을 체결하다 보니, 가격 담합이 만연한 비효율적 시장이었다.

이러한 불투명한 시장구조에 반기를 들고 부품을 직접 제작한 스페이스엑스가 저렴한 가격에 로켓 발사에 성공하자, 로켓랩도 부품을 직접 제작하기로 한다. 로켓의 심장이라고 할 수 있는 엔진을 직접 개발하고 3D프린팅을 통해 생산하면서 부품의 개수를 획기적으로 줄인다. 이는 비용 절감뿐 아니라, 부품 미작동, 연료 누출로 인한 고장을 미연에 방지함으로써 발사 성공률 향상에 기여한다.

로켓 외관은 고온고압을 견디기 위해 고강도의 금속을 사용하는 것이 일반적이나, 로켓랩은 상식을 깨고 탄소섬유를 사용했는데, 요트산업이 발달한 뉴질랜드 출신 피터 벡의 경험에서 비롯되었다. 탄소섬유는 가볍지만, 강철보다 강하고 다양한 모양으로 제작이 용이하다. 로켓엔진과 부품을 직접 생산하면 로켓 크기에 따라 부품 변형이 가능하여 로켓개발 기간을 단축하는 장점도 있다.

로켓랩의 기술은 로켓 제작에만 그치지 않고 로켓에 탑재되는 위성이나 소형 우주선도 직접 제작한다. 지구 저궤도를 도는 소형위성부터 고정 궤도의 대형 위성, 달이나 다른 행성으로 운항하는 우주탐사선을 직접 만들고, 뉴질랜드와 미국에 발사대도 직접 제작하여 보유하고 있다.

모든 일에는 때가 있듯이 로켓도 때가 맞아야 발사할 수 있는데, 발사창launch window은 하늘이 열리는 시간, 발사 가능 시간 등으로 번역된다. 로켓 발사를 위해서는 날씨, 온도, 습도의 기상 환경뿐 아니라, 발사각도, 발사경로 장애물, 위성의 태양열 충전 가능 시간 등을 종합적으로 고려해야 한다.

예를 들어 달 탐사의 경우, 지구와 달의 거리, 공전과 자전주기까지 모두 고려해야 하니, 한 달에 발사 가능일은 수일에 불과하며, 발사 연기 시 다음 발사창까지 기다려야 한다. 따라서, 여러 지역에 발사대를 보유하고 있으면 원하는 시간에 발사할 수 있는 장점이 있다.

발사대, 위성, 로켓 같은 하드웨어뿐만 아니라, 우주에서 위성을 제어하고 운용하는 소프트웨어 기술도 보유하고 있다. 바르다 제약회사는 로켓랩의 우주선에 탑재되어 에이즈 신약 개발 치료제를 합성한 후 지구로 귀환 예정이었다. 하지만, 지구 재진입 시 안전성에 대한 이견으로 착륙 허가가 지연되면서 1년 동안 지구 궤도를 배회한다. 로켓랩은 예정보다 긴 기간 동안 궤도에서 무사히 운행하다가 지구에 성공적으로 착륙시키면서 안정적인 위성 운영 능력을 입증한다.

로켓 크기, 발사회수 규모는 스페이스엑스의 1/10에 불과하지만, 로켓랩은 하드웨어 제작부터 소프트웨어까지 직접 개발하고 있다. 로켓의 발사부터 운영까지 모두 수행하는 기술력으로 스페이스엑스를 잇는 2인자로 부상한 로켓랩의 우주를 향한 비상을 지켜보자.

03 사업

로켓, 위성, 우주 운항 시스템까지 하드웨어와 소프트웨어 통합 제조회사인 로켓랩의 대표 사업은 소형로켓 발사다. 소형로켓은 택시와 같이 발사 방식과 날짜를 선택하는 고객 맞춤형 서비스라서 고비용이 단점이지만, 정부 기관은 신속한 발사, 비밀 유지를 위해 독립 발사를 선호한다. 하지만, 1회 발사 수입이 100억 원 수준이라서, 소형로켓만으로는 수익성 개선에 한계가 있다.

이를 보완하고자, 소형로켓의 7배 규모인 중형로켓을 2025년 발사를 목표로 개발 중이다. 중형로켓은 버스와 같이 수십 개의 소형위성을 한꺼번에 탑재하여 발사할 수 있으며, 여러 고객의 위성을 탑재하면 비용을 분담할 수 있다. 최근 소형위성 군집화가 대세로 자리를 잡으면서, 버스를 대절하듯이 단일 회사가 대량으로 위성을 발사하는 경우가 많아졌다. 현재 개발 중인 중형로켓은 착륙을 통한 재활용이 가능하여 개발 성공 시 수익성 개선에 기여할 것으로 예상된다.

또한, 스페이스엑스처럼 위성통신 사업도 추진 예정이다. 로켓 발사부터 위성 제작, 우주 운항시스템까지 수직 계열화 기술을 확보한 상태이므로, 중형로켓 개발이 완료되면 소형위성 군집화에 나설 것으로 전망된다. 중형로켓 개발 초기에 자사의 위성을 여러 차례 발사함으로써 로켓 발사 안정화와 위성 군집이라는 두 마리 토끼를 잡을 수 있기 때문이다.

이러한 사업전략은 단순히 업계 선두인 스페이스엑스를 모방하려는 것이 아니라, 시장 규모에 따른 당연한 선택이다. 2030년 우주 시장 규모는 1천조 원이 넘을 것으로 추정되는데, 이 중 로켓이나 위성 제작같이 우주로 보내는 업스트림은 20%인데 반해, 위성의 데이터를 내려받아 활용하는 다운스트림 분야가 80%로, 압도적으로 크다.

로켓은 발사 시에만 수입이 가능한 일회성 사업이며 실패 위험이 크다. 실패 시에는 사고 조사 및 재발 방지 대책 마련에 수개월이 소요되고, 그동안 로켓 발사 사업은 중단된다. 반면, 위성통신은 수십억 명의 개인 고객을 대상으로 하여 시장 규모가 방대하고, 매월 안정적으로 이용료 수입이 발생한다. 자율주행차, 에어택시, 로봇, 증강현실 등 미래 첨단산업은 모두 위성통신을 통한 끊김이 없는 고속 인터넷이 필수다. 따라서, 사업 수직화 전략은 위성 집단을 구축하기까지 대규모 투자가 불가피하나, 구축 이후에는 인터넷 플랫폼 회사처럼 고객 증가 시 최소한의 추가 비용으로 안정적인 수입을 창출할 수 있다.

04 재무

우주산업이 초기이다 보니, 주요 고객이 국가나 기업으로 제한되어 매출 규모는 수천억 원에 불과하지만, 성장 속도는 놀라운 수준이다. 로켓랩의 발사 횟수는 2023년 10회에서 2024년 16회로 급증하며, 스페이스엑스에 이어 두 번째로 많은 로켓을 발사했다. 우주시스템 부문은 지구궤도를 도는 위성, 달이나 다른 행성을 탐험하는 우주선, 우주 항해 소프트웨어 개발 등을 포함한다.

매출은 2022년 2,900억 원 수준에서 2024년 6,100억 원으로 2배 이상 급등했는데, 그 배경에는 우주시스템 부문의 호황 덕분이었다. 우주통신, 항공촬영, 신약 제조 등 우주에서 위성을 활용한 사업이 다양화되는 추세다. 하지만, 매출 증가에도 불구하고 여전히 큰 폭의 적자를 기록하고 있다. 매년 1백 개 이상의 로켓을 발사하는 스페이스엑스처럼 규모의 경제에 이르지 못했고, 소형로켓으로 인해 매출 규모가 적은 한계 때문이다.

이를 타개하기 위해서는 올해 달성 목표인 중형 재활용 로켓의 개발이 필수적이다. 개발에 성공하면 매출 규모가 확대되고 로켓 재활용을 통해 수익성이 개선되면서 흑자 전환이 가능하다. 하지만, 실패 시 수천억 원의 개발비가 추가로 필요하여, 재무 상황 악화는 피할 수 없게 된다.

구분(단위 : 억 원)	2022년	2023년	2024년
매출	2,940	3,416	6,104
로켓 발사	854	1,008	1,764
우주시스템	2,100	2,408	4,340
영업이익	-1,890	-2,492	-2,660
순이익	-1,904	-2,562	-2,660

05 외부 환경

대다수 하이테크 기업의 아킬레스건은 재무 상황이다. 우주개발청, 나사 등과 대규모 계약으로 수주 잔고가 1조 4천억 원이 넘고, 우주 시장 규모가 지속 확대되는 것은 고무적이나, 매출이 증가할수록 적자도 확대되어 자금 부족이 가중되고 있다. 2023년 4천억 원의 전환사채를 발행하며 자금을 조달하는데, 이자율은 4.3%, 전환가격은 5.1달러였다. 미국 10년 국채금리와 유사하여 발행조건은 유리하나, 보유 현금과 신규 조달액을 합해도 2년간 운영자금 수준에 불과하여, 언제든 운영자금 부족에 직면할 위험이 있다.

이러한 우려를 불식시키려고 중형로켓 개발에 몰두하고 있지만, 말처럼 쉽지만은 않다. 신형 로켓을 개발한다는 건 단순히 크기만 키우는 것이 아니라, 높아진 성능, 강도를 견디기 위해 제작 방식을 모두 변경해야 하는 대규모 작업이기 때문이다. 스페이스엑스도 연간 100회가 넘는 대형 로켓을 모두 성공적으로 발사했지만, 초대형 로켓인 스타십 개발은 5번 만에야 발사와 재착륙에 성공할 수 있었다.

아직 스페이스엑스 외에는 착륙 가능한 로켓을 개발한 회사가 없어, 개발 성공 시 스페이스엑스 독점이 예상되던 우주정거장, 달, 화성에 물자를 수송하는 사업에 참가할 수 있다. 최근 나사가 추진하는 화성 토양 샘플 회수계획 연구기관으로 선정되기도 했는데, 심우주 탐사는 수조 원이 넘는 대형 프로젝트이므로 계약에 성공하면 수익이 흑자 전환하는 최상의 시나리오가 된다. 하지만, 중형 로켓개발 지연 시 매년 천억 원이 넘는 연구개발비로 인해, 적자가 지속되는 최악의 상황이 발생할 수 있다.

궤도 혼잡도 문제다. 우크라이나 전쟁을 계기로 저궤도 통신위성의 중요성을 인식하면서, 세계 각국의 경쟁이 심화되고 있다. 스페이스엑스는 이미 5천 개가 넘는 위성을 운영 중인데, 수년 내에 2만 개까지 늘릴 예정이다. 유럽의 원웹도 수백 개의 통신위성을 발사했고, 중국도 독자적인 통신위성 집단을 구축 예정이다.

하늘에는 길이 없다고 해도, 통신에 유리한 좋은 위치는 존재하기에, 좋은 궤도를 선점하는 게 필요하다. 하지만 무분별하게 위성을 발사하고, 기능을 다한 위성이 방치되면서 위성 간 충돌 위험이 증가하는 상황이다. 타 위성의 주파수 간섭을 피하고, 우주쓰레기와의 충돌도 피해 위성을 발사해야 하니, 기술적으로 어려워져 비용 상승이 불가피하다.

2025년 트럼프 정부 출범은 로켓랩에 기회이자 위기인 양날의 검이다. 2019년 1기 트럼프 정부는 최초로 우주군을 창설했고, 2기 정부에서도 우주 국방을 강조하고 있다. 과거 미소 냉전 시대에 소련에 최초 인공위성 타이틀을 빼앗기자 달 착륙 프로젝트를 발표했듯이, 중국, 인도보다 무인 달 탐사 기술에 뒤처진 미국의 자존심을 회복하기 위해 화성 탐사를 비롯한 우주 프로젝트가 확대될 것이라는 점은 우호적이다.

하지만, 심우주 탐사는 대형 로켓을 보유한 스페이스엑스가 독점하고 있는 분야다. 일론 머스크가 2천억 원의 정치자금을 후원하며 트럼프 2기 정부 탄생의 일등 공신임을 고려하면, 스페이스엑스의 독점이 심화될 가능성도 있다. 스페이스엑스에 동조하며 우주 시장의 규모를 더 키운 후 파이를 나눌지, 스페이스엑스에 대항하며 독점 타파에 나설지, 로켓랩에 결정의 시간이 다가오고 있다.

2장
교통체증이여 안녕 :
도심항공산업

01 역사

아직 사업 초기이다 보니 드론 택시, 에어택시, 도심 항공UAM, 수직이착륙기EVTOL 등 용어도 제각각이나, 하늘을 나는 택시가 주된 기능이므로 이 책에서는 에어택시로 부르기로 한다. 산업이 급성장하기 위한 전제 조건은 모두가 불편을 느끼는 사안에 대해 편의성을 획기적으로 개선해야 한다.

출퇴근길 꽉 막힌 도로는 누구나 매일 겪는 전쟁터이다. 하지만, 무한차선이 가능한 하늘 대신 지하와 지상의 도로만 사용하는 것은 기술과 제품의 한계 때문이었다. 초고층 빌딩에 거주하며 비행기로 여행하는 3차원의 시대지만, 도심 내 단거리 이동은 여전히 하늘이 배제된 2차원의 이동 수단이 주류를 이루고 있다.

　에어택시는 수직이착륙 기술을 이용해 이러한 공간적 제약을 해결한다. 도심은 교통이 복잡하고 땅이 부족하여 활주로가 필요한 비행기는 부적합하다. 수직이착륙은 프로펠러 방향에 따라 크게 두 가지로 분류하는데, 드론처럼 프로펠러가 위를 향한 기체는 속도는 느리지만, 비행기의 흔들림이 적고 제작이 간편하다. 프로펠러가 앞을 향하거나 위와 앞으로 변형 가능한 기체는 속도가 빠르나, 제작 난도가 높은 것이 단점이다.

　수직이착륙에 성공하더라도, 공항과 도심을 오가려면 최소 10km 이상의 중거리 비행이 가능해야 한다. 운행 시마다 충전할 수는 없으니, 한번 충전으로 최소 10회 이상 비행 가능해야 한다. 이를 위해서는 급속충전이 필수인데, 전기차 생산이 확대되면서 배터리의 안전성과 성능이 개선된 덕분에 200km 이상 비행이 가능해졌다.

　에어택시의 기틀을 마련한 회사는 우버다. 2016년 우버 엘리베이트를 설립하여 에어택시 기체 특징, 배터리 성능, 소음, 운항통제, 조종사 훈련과 관련된 세부 사항을 최초로 정립한다. 앱을 통해 목적지를 설정하면 우버를 타고 에어택시 승강장으로 이동 후, 에어택시로 공항에 가는 연계 서비스를 구상했다. 당시에는 에어택시가 없어, 헬기와 차량을 연결하는 시범서비스를 도입했지만, 본업인 차량공유의 적자가 확대되자, 비주력 사업 정리에 나선다. 에어택시 사업을 조비에 매각했지만, 향후 사업 협력에 대비하여 조비의 지분을 인수한다.

　이 무렵, 조종사가 없는 무인 에어택시인 중국의 이항이 나스닥에 상장된다. 이항은 서울에서 사람 대신 쌀 한 가마를 싣고 시범 비행하였는데, 일본, 스페인 등의 주요 도시에서도 시범 비행에 성공하며 사업을 확장해 간다. 이 덕분에 주가가 수개월 만에 10배 폭등했으나, 매출이 허위라는 공매도 리포트로 인해 원상 복귀되는 해프닝을 겪는다. 단기간에 주가가 급등락하는 것은 신생 하이테크 기업에서 흔히 나타나는 현상이다. 뿌리 깊은 나무는 바람에 흔들리지 않지만, 제대로 된 제품이나 매출이 없다 보니, 작은 뉴스에도 주가가 출렁일 수밖에 없다.

02 목적

인구가 500만 명이 넘으면 대도시가 되고, 1천만 명이 넘으면 거대도시인 메가시티가 된다. 서울의 인구는 1천만 명이지만, 경기도 출·퇴근자를 합치면 2천만 명이 넘는 인구가 서울 생활권에서 살고 있다. 좁은 지역에 이렇게 많은 사람이 살고 있으니, 교통지옥은 당연하다.

　메가시티로의 집중은 서울만의 문제가 아니며, 직장, 학교, 문화시설의 도시 집중에 따른 세계 공통 현상이다. 메가시티는 도쿄, 북경, LA, 런던 등뿐만 아니라, 콜롬비아의 보고타, 페루의 리마 등 세계에 50개 이상 있으며, 지속적으로 증가하는 추세다. 서울만 하더라도 10여 개의 지하철과 수백 개의 버스노선이 있지만, 도로에는 무수한 차들로 차량정체가 발생한다. 결국, 고질적인 문제를 원천적으로 해결할 수 있는 것은 차선이 무한한 하늘의 에어택시밖에 없다.

사업 초기에는 높은 이용료로 인해 해외 출장이 잦은 사업가와 부유층을 중심으로 시장이 형성되면서 시간 절약과 차별화된 고급 서비스에 초점이 맞춰질 것이다. 전용기나 항공기 비즈니스석을 이용하는 사람은 비용보다 얼리 어답터로 유행을 선도하는 사람으로 인식되는 게 중요하기 때문이다. 그 후, 사용자가 확대되면 에어택시 제작이 증가하고 이용료가 감소하는 선순환이 진행되면서, 일반 대중이 이용가능한 합리적 수준으로 가격이 하락한다.

에어택시는 도심 교통뿐 아니라, 교통 소외지역의 불편을 해소하는 데도 기여할 것으로 전망된다. 외딴섬에 거주하는 주민은 하루 한편 운행하는 배가 내륙과 연결하는 유일한 교통수단인 곳도 많다. 파도가 높아 배가 운항을 하지 않아 식수, 음식이 부족한 비상 상황이 발생하면, 바다에 영향을 받지 않는 에어택시가 중요한 이동 수단이 된다.

험준한 산악지역도 마찬가지다. 차를 통해 1시간 동안 굽어진 길을 운행해야 하는 산골에 폭설이 내리면 도로가 차단되어 마을이 고립되고, 설상가상 환자라도 발생하면 적합한 수송 수단이 없다. 헬기는 프로펠러가 유발하는 강풍이 눈사태를 불러일으킬 수 있고, 넓은 개활지가 없어 착륙이 어렵다.

반면, 에어택시는 작은 프로펠러를 사용하여 좁은 곳도 접근할 수 있다. 헬기와 달리 여러 개의 프로펠러를 사용하므로, 일부가 고장이 나더라도 추락하지 않아 안전하다. 전기 배터리를 사용하므로 엔진을 연소하지 않아 공해가 없고, 모터가 동력원이므로 엔진 소음도 적어 친환경 분야로 사용처가 확대될 것으로 전망한다.

03 분야

에어택시 출시가 안전성을 담보하는 것은 아니므로, 바로 도심에 투입되기는 어렵다. 한 대만 추락하더라도 건물 붕괴, 자동차 사고 같은 대규모 인명피해가 발생하기 때문이다. 모든 안전 규칙은 피로 쓰였다는 말처럼, 사고가 발생하면 원인을 조사하고 보완책을 마련하는 과정을 반복하면서 에어택시가 안정화되는 기간이 필요하다.

따라서, 제일 먼저 상용화되는 곳은 위험을 두려워하지 않는 군대일 수밖에 없다. 군대는 다양한 훈련을 통해 위기 상황에 대한 대처 능력이 뛰어나고, 위험에 대한 수용성이 크다. 헬기 대비 낮은 소음, 저공비행의 특징을 활용하여 적진에 은밀하게 침투하거나, 부상자를 신속하게 후송하는 데 에어택시를 활용할 수 있다. 게다가, 군대의 조종사는 다양한 악조건 속에서 오랜 기간 훈련하여 조종술도 뛰어나고, 위기 대처 능력도 월등하다.

두 번째로 도입이 예상되는 곳은 공공분야다. 섬이나 산골처럼 교통이 끊어졌으나 주변 여건상 헬기 투입이 어려운 상황이라면, 에어택시가 중요한 대체 수단이다. 의료분야도 활용성이 높은데, 의료 헬기를 운용하는 대학병원 근처 주민은 소음과 바람으로 인한 피해가 불만이다. 헬기를 에어택시로 대체하면 소음공해가 감소하고, 소형 기체 덕분에 아파트 옥상처럼 좁은 지역에 착륙할 수 있어 환자의 집에서 병원까지 최단 거리로 긴급 이송이 가능하다.

경찰에게도 유용한데, 도주 중인 차량을 비밀리에 추격할 때 소음으로 발각되기 쉬운 헬기 대신 에어택시가 적합하다. 도심 고층빌딩에서 불이 날 경우 주변 빌딩과의 좁은 간격으로 접근이 불가한 헬기와 달리, 에어택시는 소방에도 활용될 수 있다.

그랜드캐니언, 나이아가라폭포처럼 유명 관광지의 헬기 투어는 장엄한 풍경을 하늘에서 볼 수 있는 인기 있는 체험이지만, 20분간의 짧은 탑승 요금이 20만 원이 넘어 부담스러운 수준이다. 반면, 에어택시는 저렴한 기체 가격 덕분에 탑승 요금이 5만

원 수준으로 예상되어, 케이블카 대신 산 정상에 오르고, 유람선 대신 섬을 둘러보는 다양한 관광 수단으로도 활용할 수 있다.

04 전망

에어택시의 시장수요는 높으나, 아직 검증된 기체가 없다는 점이 가장 큰 위험이다. 인증은 에어택시가 제대로 설계되었는지에 대한 형식 증명, 시설·인력·품질에서 제품 제조가 가능한지에 대한 생산 증명, 비행 허용에 대한 운항증명의 3단계로 구성된다. 이항이 중국에서 세계 최초로 인증을 받았지만, 미국과 유럽은 항공협정을 통해 한 국가에서 인증받으면 상대국에서도 인증이 유효하나, 중국은 이에 해당하지 않는다.

최종 인증에 성공하더라도 대량 생산이라는 산을 넘어야 한다. 자동차 제조회사를 사업파트너로 참여시키고 있지만, 자동차와 에어택시의 생산방식은 다르다. 부품 수가 자동차보다 훨씬 많아 조립 난도가 높고, 승용차처럼 개인이 소유하는 게 아니다 보니, 시장이 활성화되더라도 연간 수천 대를 생산하는 수준에 불과하여 생산 자동화가 쉽지 않다.

비행 인프라 구축도 필요하다. 승강장이 번화가에서 멀리 떨어지면 이용이 불편하고, 근접하면 고층 건물과 충돌 위험이 있어 주변환경과 편의성을 모두 고려해야 한다. 예를 들어 서울의 경우 한강에 인접한 여의도, 용산, 잠실은 한강공원을 승강장으로 활용하고, 시내는 대형마트의 옥외 주차장을 이용하면 된다. 자동차 주차 후 바로 탑승할 수 있어 편리하고, 지붕이 없어 에어택시의 이착륙이 쉬우며, 도심과의 연결성도 좋기 때문이다.

조종사 양성도 해결 과제다. 미국은 개인 항공기 면허를 취득할 수 있는 곳이 많은 데 반해, 우리나라는 일반인 대상 비행학교가 없어, 비행기나 헬기 조종사의 이직이나, 군에서 비행 경험을 보유한 사람을 대상으로 조종사를 확보할 수밖에 없다.

통신망도 필요한데, 초기에는 정해진 항로 주위에 안테나를 설치하는 것으로 대체할 수 있다. 하지만, 항로가 자율화되면 지상의 기지국과 안테나로는 안정적인 통신이 어렵고, 원거리 정지궤도 위성은 통신 속도가 느리다. 앞서 우주산업에서 살펴본 것처럼, 결국 저궤도위성 군집화를 통한 끊김이 없는 고속 인터넷이 필수이므로, 에어택시가 활성화되면 우주산업과 도심 항공산업이 함께 발전하게 된다.

에어택시가 첫선을 보인 후에도 대량 생산, 비행 인프라 구축에 시간이 필요하여, 대중적인 교통 수단화는 2028년 LA 올림픽이 분수령이 될 것으로 보인다. LA는 평소에도 심각한 교통체증을 겪는데, 올림픽 관광객까지 몰려들면 상상하기 힘든 교통체증이 예상된다. 전 세계 이목이 쏠린 상황에서 에어택시가 교통 해결사로서 활약하면 차세대 항공산업에서 미국이 주도권을 차지할 수 있고, 홍보 수단으로는 지구촌 이벤트만큼 좋은 건 없기 때문이다.

코로나가 가져온 많은 긍정적 변화 중에는 디지털화와 재택근무 확산이 있다. 과거에는 모든 사람이 똑같은 시간, 동일한 장소에 근무하는 것을 당연시했지만, 다수의 집합이 금지되며 재택근무가 도입되었다. 초기에는 우여곡절도 있었으나, 이제는 하나의 근무 형태로 정착되어 출근과 재택을 병행하는 회사가 많다.

인공지능이 도입되어 생산성이 향상되고, 개인 여가 생활의 중요성이 강조되면 근무일이 주 4일 또는 주 4.5일로 축소될 것이다. 답답한 도시보다 한적한 교외 생활을 즐기려는 사람이 많아지고, 출근 횟수가 줄어든다면, 교외에 거주하면서 가끔 에어택시로 출퇴근하는 사람도 생겨날 것이다.

장기적으로는 에어택시에 자율주행이 도입된다. 현재 항공기도 이착륙을 제외한 비행시간 대부분은 자동조종으로 운항한다. 도로는 사람, 자동차, 자전거와 같은 변수가 많고, 통제가 어려워 완전 자율주행이 쉽지 않지만, 하늘은 헬기와 새뿐이라 고려할 변수가 적다. 허가받은 사업자만 운행할 수 있고 관제탑처럼 중앙에서 모든 비행물체를 통제할 수 있으므로, 하늘은 지상의 도로보다 자율주행이 훨씬 수월하다. 지금부터 닮은 듯 다른 두 회사를 만나보자.

조비

01 경영진

어릴 적 외계인 공격에 대비해 화성 이주용 로켓개발을 꿈꿨던 일론 머스크에 비하면, 조벤 비버트의 꿈은 현실적이다. 초등학교 때부터 한 시간 넘는 길을 걸어서 통학하다 보니 하늘을 나는 자동차로 편하게 학교에 가는 게 꿈이었다. 그 꿈은 스탠퍼드 대학원에서 기계설계 학위를 획득한 후 시행에 옮겨진다.

처음에는 신약 실험시스템 개발회사인 벨로시티11을 창업하였으나, 몇 년 후 회사를 매각한 자금으로 조비를 창업한다. 대부분 허름한 건물에서 사업을 시작하듯, 조비도 목장의 헛간에서 사업을 시작하고, 직원은 근처의 오두막에서 거주한다. 닭과 벌을

키우는 유기농 농장을 만들어 직원과 요리해서 나눠 먹는 걸 즐겼는데, 히피였던 부모로 인해 어릴 적 공동체 생활을 했던 경험이 영향을 미쳤다.

첨단제품인 에어택시를 개발하는 회사와 유기농 농장은 왠지 어울리지 않는 조합처럼 보인다. 하지만, 환경에 관한 관심이 엔진과 같은 내연기관이 아닌, 배터리로 작동하는 친환경 비행기 개발로 이어졌다. 오랜 연구 끝에 시제품 개발에 성공하자, 수천억 원의 투자금이 몰려들었는데, 시선을 끄는 투자자는 토요타와 우버다. 토요타는 1조 원이 넘는 금액을 투자한 2대 주주일 뿐만 아니라, 자동차 제작 노하우를 활용하여 생산공정 구축에 협력하는 파트너로 자리를 잡는다.

우버는 리프트와 택시 공유 경쟁에 집중하기 위해 당장은 실현 가능성이 낮은 에어택시 사업을 매각할 수밖에 없었다. 하지만, 향후 에어택시가 본격화할 때 사업 기회를 놓치고 싶지 않아, 추가 자금을 투입하여 사업 파트너 관계를 구축한다. 미래에 에어택시가 도심과 공항을 연결하게 되면 사무실에서 에어택시 승강장까지 우버를 이용하게 만들겠다는 전략이다.

02 기술·사업·재무

창업 후 나사와 공동 연구를 진행하며 터득한 항공 기술에, 우버 엘리베이트의 개발자와 연구 결과물이 더해졌다. 이 덕분에 아무도 가지 않은 길을 가며 형식 인증 5단계 중 3단계를 완수하고 에어택시 선두 주자로 나서고 있다.

하지만, 최종 인증까지는 여전히 갈 길이 멀고, 고속 충전, 장거리 운항, 안전성까지 극복해야 할 과제가 여전히 많다. 게다가, 조비는 에어택시의 주요 부품을 직접 제작하고 있다. 이러한 수직 계열화의 장점은 다양한 성능의 부품을 맞춤형 개발이 가능하여 기체의 성능을 향상시킬 수 있지만, 각 부품의 안전성을 담보할 수 없는 단점이 있다. 비행 기체에 대한 인증을 진행하는 과정에서 개발 부품의 안전성이 발목을 잡지 않도록 주의해야 한다.

조비는 해외 진출에 적극적으로 나서, 두바이에서는 에미레이트항공과 에어택시 운영 계약을 체결했고, 우리나라에서도 1,400억 원을 투자한 SK텔레콤과 합작으로 시범서비스를 개시할 예정이다. 그 외에도 수천억 원에 달하는 주문량을 보유하고 있으나, 기체의 최종 승인을 전제로 한 것이라서, 계약의 구속력은 없다. 현재 매출은 군대에 납품한 시제품뿐이므로, 재무분석은 무의미한 상황이다.

03 외부 환경

이항이 세계 최초로 인증을 획득하고 제품을 판매하는 것은, 중국 인증이 선진국과 호환되지 않더라도, 퍼스트 무버로서 소비자에게 강렬한 인상을 줬다. 실제 운항에서 문제점을 발견하고 이를 해결해 나가는 과정에서 노하우를 획득하면, 다른 나라에서 인증을 받기에도 용이하다. 중국은 자동차산업에서 후발주자였지만, 전기차 시장에서 세계 주요 자동차 회사와 합작하고 부품 공급망과 인프라를 구축하여 세계 1위가 된 경험도 있다.

이항의 실적도 증가 추세다. 한때 매출 대부분이 허위라는 공매도 리포트의 공격을 받기도 했으나, 최종 인증 획득 후 연간 매출이 급증하면서 1,000억 원을 넘어섰다. 이항의 에어택시 가격은 4억 원에 불과하여, 저렴한 가격을 무기로 미국과 유럽 외의 국가에서 빠르게 시장을 확대해 가고 있다. 빠른 시장진입을 통한 고객 확보냐, 늦더라도 안정성을 강화하여 고객 신뢰를 얻을 것이냐의 경쟁은 이미 시작되었다.

아처

01 경영진

플로리다 대학 동창인 아담 골드스타인과 브렛 애드콕은 온라인 채용사이트를 창업하여 매각한 자금을 바탕으로 아처를 창업한다. 에어택시 산업의 선두 주자인 조비보다 창업이 10년이나 늦다 보니, 선택과 집중을 통해 사업을 빨리 진행하는 것을 최우선 전략으로 삼는다. 때마침 에어택시를 개발 중인 에어버스와 보잉이 사업을 축소하면서 유능한 기술자가 시장에 쏟아져 나온다. 아처는 2명의 신입직원을 뽑는 대신 1.5배의 임금으로 유능한 1명의 경력 직원을 채용하여 즉시 업무에 투입함으로써 경쟁사인 조비와의 기술격차를 빠르게 줄여나간다.

수많은 투자 거절에도 좌절하지 않고 끈질기게 도전한 결과 유나이티드 항공, 스텔란티스와 같은 대기업의 투자를 끌어낸다. 2021년 아처가 뉴욕거래소 상장에 성공한 후, 아담이 단독 대표이사로 선임되고 브렛은 일선에서 물러난다. 브렛은 30대에 억만장자가 되었으니, 골치 아픈 회사 경영에서 물러나 휴양지에서 인생을 즐기며 행복하게 살 줄 알았는데, 반전이 있다. 그는 이듬해 또 다른 기업 창업에 나서는데, 바로… 잠시 후 다른 산업에서 등장할 테니 잠시 기다려 주시길.

02 기술·사업·재무

조비와 아처는 닮은 듯 다른 기업이다. 우선 비슷한 점은 비행 기체가 드론형이 아닌 프로펠러 방향을 조절하는 방식의 5인승으로, 외관뿐 아니라 성능과 속도가 유사하다. 비행 노하우 획득 및 대량 생산 공정 구축을 위해 항공사, 자동차 회사와 합작 파트너를 맺은 것도 유사한데, 조비는 아메리칸항공과 토요타, 아처는 유나이티드 항공과 스텔란티스를 선택했다.

하지만, 사업전략은 전혀 다르다. 조비는 스페이스엑스처럼 비행 기체 판매와 운항 서비스를 모두 수행한다. 두 가지 사업을 동시에 추진하면 많은 투자금과 문제점에 직면하는 단점이 있지만,

지속적인 수입 창출이 가능하다. 아처는 대량 생산을 통한 제품 판매에만 집중하는 전략이다. 운항 인증을 받은 비행 기체는 없으나 에어택시 서비스 도입을 추진 중인 국가가 많다 보니, 초기에는 수요가 공급을 초과할 것으로 예상했다. 이에, 아처는 대규모 생산을 통한 판매에 집중하며 세계시장 점유율을 향상시키겠다는 계획이다.

서로 다른 사업전략은 기체 생산방식에도 차이를 가져온다. 아처는 전기자동차에 흔히 쓰이는 원통형 배터리를 사용하고, 항공기 부품을 활용하여 제품의 안정성에 대한 검증이 필요 없다. 반면, 조비는 주머니 형태의 파우치 배터리와 자체 개발한 소재로 비행 기체를 제작하여 성능, 안전성에 대한 추가 검사가 필요하다. 부품을 직접 제작하면 비행 기체의 성능, 특성에 따라 맞춤형 변경이 쉬운 대신, 생산비용이 증가하고 인증 시간이 오래 걸리는 단점이 있다.

후발주자인 아처는 신속한 기체 인증 및 대량 생산을 위해 검증된 협력사와 업무를 분담하는 방식을 택한다. 주요 부품은 항공기 부품 납품사로부터 조달하여 인증 기간을 단축하고, 대량 생산은 공장 건설 및 생산라인 구축부터 사업 파트너인 스텔란티스가 담당하여 설비투자 부담을 줄였다. 연간 600대의 에어택시 생산이 가능한 공장을 조지아에 건설하여, 기체 인증에서는 조비에 뒤처졌으나 생산에서는 격차를 축소할 것으로 보인다.

조비보다 2년 늦은 2024년 연방항공청의 3단계 인증을 획득하고, 나사와 에어택시 기술협력 계약을 체결하여 배터리 성능과 안전성을 공동 연구하고 있다. 미국 공군, 인도, UAE, 우리나라의 카카오 등과도 잇따라 계약을 체결했지만, 조비의 사례처럼 최종 인증을 전제로 한 계약이므로, 실제 판매로 이어질지는 불확실하므로 유의해야 한다.

03 외부 환경

미국 연방항공청이 발표한 항공 정책 이노베이트 28에 따르면, 2025년 공항을 중심으로 에어택시가 도입되고, 2028년 한 개 이상의 도시에서 수백 대의 에어택시가 운항할 것으로 전망된다. 연구기관별로 에어택시의 상용화 시기 예측은 다르나, LA 올림픽이 에어택시 활성화의 분수령인 건 공통적인 시각이다.

 기체 인증, 자금조달, 협력업체를 고려할 때 지금은 조비가 선두이며, 아처가 뒤를 쫓고 있는 형국이지만, 누가 최종 승인을 획득하고, 대량 생산에 성공할지는 알 수 없다. 미국에만 100개 이상의 에어택시 회사가 있어 알려지지 않은 회사가 다크호스로 등장할 가능성도 있으며, 그 과정에서 주가 급등락은 피할 수 없는 숙명이다.

대부분의 사람은 편안함과 안전함을 추구하지만, 세상에는 극한의 환경에서 자신의 한계를 시험하는 사람도 있다. 테네시 주립공원에서 펼쳐지는 바클리 마라톤은 60시간 안에 160km를 완주해야 하는데, 일반 마라톤이 약 42km이니, 이틀 반 동안 마라톤을 4번 뛰는 셈이다.

이 마라톤은 마틴 루터킹 목사를 암살하여 교도소에 수감 중이던 범죄자가 탈옥 후, 이틀간 산속으로 14km 도주한 사건에서 영감을 얻어 만들어졌다. 160km라는 거리도 사람을 압도하지만, 평지가 아닌 산악지대에서 숲길을 헤쳐 나가며, 생존에 필요한 음식을 배낭에 넣고 달려야 한다. 길도 없는 곳을 달리다 보니, 실제 완주 여부를 확인하기 위해 특정 장소마다 책을 비치해 두고 자기 참가번호와 같은 페이지를 찢어오는 것으로 검증한다. 30년 넘는 기간 동안 완주자가 약 20명에 불과하니, 얼마나 악명 높은 마라톤인지 짐작할 만하다.

에어택시 산업을 보면 바클리 마라톤이 떠오른다. 제품개발, 최종 인증, 대량 생산이라는 험난한 단계에서 수많은 회사가 파산할 것이다. 하지만 모든 위기를 극복하고 살아남은 소수의 회사는 전 세계 도심의 하늘을 장악하는 영광을 얻을 테니 말이다.

3장
노동에서 해방 :
로봇산업

01 역사

세대 차이는 연예인, 음악, 패션 등 많은 것에서 나타나는데, 만화도 그중 하나다. '달려라 달려 로보트야, 날아라 날아…' 태권브이는 1970년대에 만들어진 우리나라 최초의 극장용 로봇 만화다. 거대한 크기의 로봇은 가공할 힘, 하늘을 나는 능력, 천재적인 두뇌를 지닌 기계다. 트랜스포머와 같은 SF영화에서도 로봇에 대한 묘사는 다르지 않아서, 최첨단 기술을 보유한 외계행성에서 온 존재로 그려진다.

하지만, 로봇은 체코어로 노예를 뜻하는 로보타robota에서 유래하여, 인간을 대신해 노동하는 장치였다. 작동 방식은 인간이 수동으로 조작하는 형태에서, 설정된 명령대로 수행하는 형태로 변화한다. 그 후, 인간의 행동을 모방하는 과정을 거쳐, 스스로 판단하는 인공지능 로봇으로 진화한다.

최초의 로봇은 태엽과 톱니바퀴를 이용한 움직이는 장난감인 오토마타다. 장난감이라고 무시하기에는 손을 흔들고, 인사를 하는 동작이 놀랄 만큼 정교하다. 수백 년이 흐른 지금도 유럽의 시청이나 성당의 시계탑에서, 매시 정각에 등장하는 오토마타의 공연을 볼 수 있다.

오토마타가 인기를 끌자 춤을 추거나, 그림을 그리는 다양한 형태가 만들어졌고, 유행에는 돈 냄새를 맡고 찾아드는 사기꾼이 생겨나게 마련이다. 미케니컬 터크Mechanical Turk는 기계 터키인이라는 이름처럼 상단에는 머리에 터번을 두른 인형과 체스판이 있고, 하단에는 태엽과 톱니바퀴가 설치되어 있다.

이세돌과 인공지능의 바둑 대결보다 200년 앞선 시기에 체스 로봇이라니. 당연히 그런 게 있을 리 없다. 거울 앞의 톱니바퀴는 눈속임을 위한 장치에 불과하고 거울 뒤에 사람이 숨어 인형을 조정한다. 그는 체스의 고수라서 경기에 지는 경우가 거의 없었는데, 허위임이 밝혀질 때까지 사람들은 대단한 능력의 기계라고 믿었다.

최근 역사 속으로 사라졌던 미케니컬 터크가 아마존의 단순 인력 중개업 명칭으로 부활했다. 인공지능을 효율적으로 학습시키기 위해 이미지를 분류하고, 이름표를 붙이는 단순 데이터 작업 관련 구인·구직 사이트의 이름이다. 인공지능을 구현하기 위해 최저임금을 받으며 데이터 분류작업을 하는 노동자와 체스 기계 속에 갇혀 인공지능을 흉내 낸 사람이 모습이 겹쳐 아련함이 밀려오는 건 지나친 감성일까?

산업화 시대에 접어들면서 로봇은 더 이상 보여주기식 홍보용이 아닌, 인간을 돕는 실효성 있는 역할을 수행한다. 공장에서 무거운 물건을 운반하고, 제품 조립이나 불량품을 검사하는 단순 작업을 반복 수행하는 로봇이 도입되기 시작한다. 그 후, 로봇팔, 로봇 눈처럼 특정 기능을 수행하는 로봇에서부터 로봇 개, 로봇 자동차 등 다양한 형태가 출시된다. 최근에는 사전에 입력된 행동만 하는 것이 아니라, 인공지능과 결합하여 스스로 판단하고 행동하는 로봇2.0의 시대가 본격화되고 있다.

02 목적

영국 드라마 휴먼스는 제목과 달리 인간의 모습을 한 휴머노이드의 이야기다. 로봇은 노인의 약을 챙겨주고, 운동을 돕고, 말동무도 해주고 자녀도 돌보는 간병인이자 육아도우미로서 일인다역을 훌륭히 수행한다. 하지만, 현실에서 휴머노이드가 인간처럼 행동하기 위해서는 시각, 촉각의 감각기관, 힘과 균형 조절 능력이 가능한 하드웨어, 상황을 판단하여 의사결정을 하는 소프트웨어 기술이 모두 필요하다. 따라서, 반려동물처럼 1가구 1 휴머노이드가 현실화되기에는 수십 년이 걸릴 수밖에 없다.

하지만, 특정 업무를 수행하는 산업로봇과 서비스로봇은 도입된 지 20년이 넘어가면서 다양한 분야로 확산되고 있다. 로봇의 가장 중요한 목적은 생산성 향상으로서, 산업용 로봇은 인간보다 뛰어난 능력으로 무거운 제품을 들어 올리고, 용접을 빠르게 수행할 수 있어 자동차나 기계 제작 공장에서 흔히 사용된다. 하지만, 거대한 로봇이 고속으로 작동하는 행동반경에 들어온 사람을 인식하지 못해 사상자가 발생하는 사고도 종종 발생한다.

이런 문제점을 해결한 것이 협동 로봇이다. 센서를 통해 작업자나 장애물이 있으면 스스로 동작을 멈출 수 있고, 크기가 작아 사람 근처에 설치하여 작업 파트너로 활용할 수 있다. 제품 조립, 불량품 검사 같은 단순 작업을 반복 수행하지만, 정확도가 높아 생산성 제고에 도움이 된다.

로봇의 두 번째 목적은 편의성 향상으로, 서비스로봇이 대표적이다. 요즘 식당을 방문하면 주문부터 결제까지 직원을 한 번도 마주치지 않기도 한다. 테이블에 부착된 탭에서 주문과 결제를 하면 바퀴 로봇이 음식을 서빙하고, 빈 그릇도 수거해간다. 로봇이 주방에서 치킨을 튀기고, 피자를 구우며, 커피를 내리는 것이 자연스러운 시대다.

로봇청소기의 활약도 빼놓을 수 없는데, 먼지 흡입뿐 아니라, 물걸레질, 세척, 건조까지 가능해졌다. 최근에는 식료품을 인식해서 목록을 만들고 유통기한이 임박하면 알람을 주는 냉장고, 카메라로 재료를 인식하여 요리법과 조리 온도를 설정하는 오븐처럼 로봇 기능을 도입한 다양한 가전제품이 출시되고 있다.

로봇의 궁극적인 목표는 인간을 닮은 휴머노이드다. 여러 개의 팔과 다리를 부착하면 많은 일을 빠르게 처리할 수 있을 텐데 왜 사람과 똑같은 모양으로 만드는 걸까? 단순 작업에는 팔의 개수만큼 일의 성과가 증가하지만, 최종 목적은 인간의 모든 활동을 스스로 학습하여 인간을 대체하는 것이다. 그러기 위해서는 인간의 신체와 유사해야만, 인간의 행동을 보고 그대로 모방할 수 있다. 인간은 두 개의 팔로 작업을 하는데, 휴머노이드가 여러 개의 팔을 갖고 있다면 나머지 팔은 무엇을 할지 스스로 판단하지 못한다.

인간과 체격도 유사해야만 인간이 사용하는 각종 장비를 그대로 사용할 수 있다. 인간과 협업하려면 자동차를 타고 이동해야 하는데, 휴머노이드가 커서 탑승이 불가하다면 유용성이 떨어질 수밖에 없다. 로봇산업을 선도하는 테슬라, 피규어 등의 휴머노이드가 모두 170cm의 키에 60~70kg의 무게인 것은 우연의 일치가 아니다.

03 분야

로봇은 외형에 따라 로봇팔 같은 특정 기능형 로봇과 로봇 개·휴머노이드처럼 완성체형 로봇으로 구분할 수 있다. 크기에 따라서는 산업용 대형 로봇, 서비스용 소형로봇으로 구분할 수도 있다. 그러나, 로봇의 종류와 쓰임새가 다양해지면서 더 이상 외형적 요건으로 구분하는 것은 무의미하다.

이러한 단점을 보완하기 위해 로봇의 기능에 초점을 맞춰 분류하기도 한다. 인간을 보조하여 정밀한 수술에 사용되는 의료로봇, 제품의 조립·검사·배송같이 반복 노동을 하는 산업로봇, 청소·서빙처럼 편의성을 향상시키는 서비스로봇, 그리고 인간처럼 판단하고 행동하는 휴머노이드로 구분할 수 있다.

의료 로봇도 세부적으로 들어가면 다양한 종류가 있다. 입는 로봇은 외형상으로는 신체 보조기구처럼 단순해 보이지만, 인간의 운동능력을 배가시켜 주는 장치다. 사고나 질병으로 거동이 불편하거나, 고령으로 기력이 부족한 사람의 움직임을 돕는 기구로 활용된다. 소방관이 착용하여 지진, 산사태 같은 사고 현장에서 건물 잔해를 치우고, 인명 구조활동에 사용할 수도 있다.

알약 크기의 마이크로 로봇도 있다. 내시경은 내장 기관의 질병을 조기에 발견하고 치료할 수 있는 유용한 수단이지만, 몸속으로 카메라가 달린 호스를 집어넣는 검사 과정이 고통스러워

대부분 수면으로 진행한다. 현재 개발 중인 캡슐 로봇을 삼키면, 캡슐이 내장 기관을 따라서 이동하며 사진을 찍어 편리하게 검사를 마칠 수 있다.

더욱 진화된 마이크로 로봇은 크기가 작아 혈관에 투입하여 미세한 치료가 가능하다. 종양 근처까지 이동하여 바늘로 터뜨려 제거하거나, 목표 부위에 약물을 직접 발사하며, 특정 세포를 채취하는 것도 가능하다. 크기가 작아 자체 동력으로 움직일 수 없는 단점이 있으나, 신체 외부에서 자석을 이용해 움직이는 방법이 개발 중이므로, 향후에는 활용도가 향상될 것으로 기대한다. 현재 가장 활발하게 사용되는 의료 로봇인 수술 로봇은, 잠시 후 인튜이티브 서지컬에서 자세히 다루고자 한다.

최근 로봇산업의 변화는 고성능, 저비용, 첨단 기술로 요약할 수 있다. 성능은 높아지고 가격은 하락하여 로봇 도입에 대한 경제적 부담이 낮아졌다. 과거에는 로봇만을 위한 기술을 개발하다 보니 비용도 비쌀 수밖에 없었다. 이제는 자율주행, 인공지능, 사물인터넷에도 로봇 기술이나 부품이 범용으로 사용되면서 가격 인하가 가능해졌다. 인건비 상승, 고령화, 노동력 부족 문제를 고려할 때, 휴머노이드 도입은 거부할 수 없는 시대 흐름이 되었다.

테슬라가 제대로 걷지도 못하는 휴머노이드를 선보였을 때 많은 사람이 허풍으로 여기며 비웃었다. 하지만, 불과 3년 만에 걷는 것은 물론이고, 섬세한 손가락 움직임까지 선보이자, 사람들은 충격에 빠진다. 기존 로봇은 유압식이라 소음이 발생하고 정밀한 움직임이 불가능했으나, 테슬라는 전기차의 소형모터를 사용하여 조용하고, 섬세한 움직임을 구현해 냈다. 테슬라의 자율주행과 슈퍼컴퓨터를 활용하여, 로봇이 인간 행동을 학습하여 모방하는 데 성공했고, 현재는 자동차조립 공정에 투입되어 테스트 중이다.

반면, 복잡한 손가락 대신 손바닥만 만드는 단순화를 통해 대량 생산 전략을 선택한 회사도 있다. 어질리티 로보틱스는 물건을 집고, 박스를 나르는 단순 작업에 특화된 기능으로, 아마존 물류센터에서 업무능력을 테스트 중이다. 로봇 기능이 단순하면 제조 공정의 불량률을 줄이고, 제품 가격 인하가 가능하여 상용화에 유리하다. 아마존 물류센터에는 바코드 스캔, 물품 운반에 다양한 로봇이 사용 중이므로 로봇 간 협업도 가능하다.

휴머노이드의 확산 여부는 가격에 달려있다. 테슬라는 3,000만 원까지 판매가격을 낮출 계획이나 개인이 구매하기에는 여전히 부담스러운 수준이다. 하지만, 구매 대신 자동차 리스처럼 월 50만 원의 사용료를 지불하는 방식이라면 고려해 볼만하다. 거동이 불편한 환자를 돌보는 간병인이나, 고급 작물을 재배하는 곳에서는 도둑을 방지하기 위한 경비원 대신 휴머노이드를 임대하여 감시하는 것이 더 저렴하다.

공장은 말할 것도 없다. 인건비 상승, 파업뿐만 아니라, 고령화, 육체노동 기피, 저출산으로 인해 인력을 구하는 것이 쉽지 않다. 뉴욕과 캘리포니아 같은 대도시의 경우 시간당 최저임금이 2만 원을 넘어섰지만, 여전히 구인난을 겪고 있다. 도시가 이 정도인데 시외에 있는 공장의 인력난은 훨씬 심각하다.

공장은 분업화로 일부 제조 공정이 정상적으로 작동하지 않으면 전체 생산이 지연될 수밖에 없다. 당장 대체 인력을 구하더라도, 교육하고 현장에 투입하기까지 업무 공백에 따른 손실이 불가피하다. 결국, 휴머노이드를 공장에 활용하는 여부가 생산성의 중요한 척도가 되는 시대가 멀지 않았다.

04 전망

로봇산업의 중요성이 부각되자, 기계설비를 제작하던 회사부터 자동차 회사에 이르기까지 로봇 제작에 뛰어들면서 경쟁이 심화되고 있다. 전기차에 사용하는 센서, 모터, 자율주행을 로봇에 활용 가능하니, 자동차 회사로서는 사업을 확대할 좋은 기회다. 테슬라는 물론 토요타, 혼다도 휴머노이드 로봇을 개발 중이며, 현대차도 로봇 전문 기업인 보스턴 다이내믹스를 인수하며 본격적으로 사업을 추진하고 있다.

국가 간 경쟁도 치열하다. 산업용 로봇은 일본이 선두를 차지하고 독일과 스위스가 추격하는 형세지만, 의료나 물류 로봇은 미국이 높은 시장지배력을 가진다. 기초과학의 축적된 기술을 바탕으로 미국은 로봇 운영 소프트웨어에서, 일본은 모터, 제어기 같은 핵심부품에서 높은 경쟁력을 지니고 있으며, 최근에는 중국의 성장세가 무섭다.

요즘 신혼부부가 가장 선호하는 선물 중 하나는 로봇청소기다. 2000년대 초 아이로봇이 출시한 로봇청소기 룸바는 올해의 혁신 제품상을 휩쓸며 오랜 기간 왕좌로 군림한다. 그러나 몇 년 전부터 중국기업이 저렴한 가격을 무기로 등장하기 시작하더니, 이제는 첨단 기술을 탑재하며 세계 1위로 올라선다.

로봇청소기의 핵심 기능은 내비게이션이다. 집안 구석을 모두 청소하되 중복되지 않도록 동선을 설계하고, 장애물을 피해야 한다. 중국기업은 자율주행차에 사용되는 센서를 저렴하게 변경해 부착함으로써 동선 효율화에 성공하며 청소 시간을 단축했다. 먼지 흡입과 물걸레가 가능한 일체형 청소기를 출시하고, 배수관을 연결해 걸레를 자동으로 세척 건조해 주는 기능까지 탑재했다. 이로 인해, 로봇청소기의 원조인 아이로봇의 기업가치는 2조 원 아래로 추락한 반면, 중국 로보락의 기업가치는 아이로봇의 3배가 넘는다.

중국이 고작 서비스로봇의 1등에 만족할 리 없다. 무인 착륙선이 달에서 샘플을 채취하여 지구로 귀환하고, 우주정거장을 운영하는 등 첨단 기술 분야에서 미국을 넘어서는 것이 목표다. 중국은 미래 패권을 차지하기 위해 더 이상 선진국을 모방하는 추격자가 아닌 독자적인 개발을 통해 기술 주도권을 쟁취하는 전략으로 전환했다. 대표적인 것이 거대 인공지능과 휴머노이드 로봇을 결합한 혁신 플랫폼 구축 계획이다. 생활 편의성 향상을 위한 로봇 개발이라고 주장하지만, 기술 강대국이 되기 위한 필수 분야로 로봇을 선택한 것이다.

휴머노이드 로봇은 모든 산업 기술의 결정체다. 인공지능을 통해 스스로 학습하여 판단하고, 섬세한 동작에는 모터와 가속기 같은 정밀 제어 기술이, 이동에는 장애물을 감지하는 센서와 자율주행 기술이 사용된다. 따라서, 휴머노이드 기술에 성공하면 다양한 산업에서 활용가능한 기술이 모두 획득되므로, 많은 나라가 미래 전략산업으로 육성하는 것이다. 독일과 스위스같이 전통적 기계 기술 강국이자, 산업용 로봇에서 중요한 비중을 차지하는 기업은 로봇 ETF 편에서 다루고자 한다.

로봇이 유망하다고 해서 모두가 로봇을 반기는 것은 아니다. 서빙, 청소와 같은 단순노동뿐 아니라, 코딩 같은 고급 능력도 인공지능으로 대체되면서 IT기업에도 해고 폭풍이 밀려오고 있다. 인공지능 덕분에 새로 생겨나는 직업도 있지만, 사라지는 직업이 몇 배나 많은 건 부정할 수 없는 사실이다.

게다가, 휴머노이드가 인간의 모습을 닮을수록 거부감을 느끼는 사람도 늘어난다. 인간의 행동을 모방하는 초기에는 신기해하며 호감을 느끼지만, 사람의 무의식적인 표정까지 흉내를 낼 때는 거부감을 느낀다. 불쾌한 골짜기는 로봇과 인간의 유사도에 따른 호감 변화를 나타내는 용어다. 초기에 로봇이 사람의 모습과 비슷해질수록 호감도가 증가하다가, 중기에 어느 수준 이상으로 유사해지면 급격하게 거부감으로 바뀐다. 말기에 이르러 인간과 구분이 불가능해질 정도로 유사해지면 호감도가 다시 상승한다.

　인간의 뇌는 방대한 자료를 쉽게 기억하기 위해 모든 것을 분류하는 습성이 있는데, 바퀴가 다섯 개이거나, 바퀴 모양이 네모더라도 페달과 체인이 있으면 자전거로 분류한다. 외관과 행동이 사람과 비슷하더라도 명확하게 로봇으로 분류할 때는 문제가 없지만, 표정까지 사람과 유사해지면, 로봇으로 분류할지 사람으로 분류할지 혼란이 발생하여 불쾌감이 생기는 것이다. 과거 인간의 얼굴과 비슷한 로봇의 웃는 장면을 보고, 많은 사람이 비웃는 것 같은 불쾌감을 느낀 것도 이 때문이다. 이러한 논란을 의식해서인지, 최근의 휴머노이드는 얼굴의 형상만 있을 뿐 눈코입이 없다. 반려동물처럼 로봇이 인류의 적이 아닌 동반자로 함께 살아가는 날이 오기를 기대한다.

인튜이티브 서지컬

01 경영진

포도 껍질을 가위로 자르고, 집게로 껍질을 벗겨낸다. 잘린 포도 껍질을 포도알 위에 두고 바늘로 꿰맨다. 이것은 사람이 조종하는 수술 로봇의 시연 영상으로, 포도 수술$^{Surgery Grape}$로 알려진 동영상은 지금 봐도 신기하지만, 더욱 놀라운 것은 무려 15년 전의 기술이라는 점이다.

    프레드릭 몰은 마이크로소프트의 빌 게이츠와 같은 고등학교에 다닐 정도로 부유한 가정에서 자라며, 의사인 부모의 영향으로 의대에 진학한다. 하지만, 비교적 간단한 수술임에도 불구하고, 수술을 원활하게 하려고 크게 절개하는 모습에 충격을 받는다.

당시 첨단 기술을 연구하는 국방연구소는 스탠퍼드대학 연구소와 공동으로, 전쟁이나 우주같이 의사가 환자를 직접 수술할 수 없는 경우에 대비해 원격으로 수술하는 방법을 연구한다. 그는 이 연구에 착안하여 인간을 대신하여 수술하는 로봇을 만들면, 작은 절개로 수술이 가능하다고 생각하여 공동 창업에 나선다. 의학박사를 하며 획득한 많은 수술 경험과 노하우를 반영하여, 높은 기술 완성도를 지닌 수술 로봇 개발에 성공한다.

프레드릭 몰은 레오나르도 다빈치에 대한 존경심에서 수술 로봇을 다빈치로 명명한다. 예술가인 다빈치와 첨단로봇은 접점이 없는 것처럼 보이나, 모나리자, 최후의 만찬을 그린 위대한 화가로 알려진 레오나르도 다빈치는 로봇의 아버지이기도 하다. 헬기, 낙하산을 연구했던 과학자이자 의사이기도 했던 그가 그린, 갑옷을 입은 기계 기사가 최초의 로봇 설계도이기 때문이다.

제품 판매가 호조를 보이면서 나스닥 상장을 추진하지만, 경쟁사인 컴퓨터 모션과의 특허 소송이 격화되면서 파산 위기까지 몰렸다가, 극적으로 합병을 하면서 나스닥에 상장한다. 소송 후 유증 때문인지, 상장 이후 그는 회사에서 퇴사한다. 다행스럽게도, 남은 두 명의 공동창업자가 회사를 성공적으로 운영한 덕분에, 80%가 넘는 시장점유율을 유지하며 수술 로봇의 애플로 불리고 있다.

02 기술

과거에는 무조건 배를 절개하여 수술하다 보니, 감염이 발생하거나 수술 후 합병증이 발생하는 경우가 많았다. 그 후, 수술 기술이 발전하며 복강경 수술이 개발되는데, 작은 구멍을 여러 개 뚫고 내시경과 수술 도구를 집어넣어 모니터 화면을 보며 수술하는 방식이다. 기존 수술 대비 절개 부위가 작아 후유증은 적으나, 좁은 구멍에 긴 막대기를 집어넣고 끝에 달린 집게나 가위로 수술하다 보니 도구가 닿지 않는 사각지대는 미세한 수술이 어려운 단점이 있었다.

다빈치 로봇은 이러한 문제를 해결하기 위해 모니터에 3D 영상을 확대해서 보여주고, 손가락을 이용하여 로봇손에 부착된 가위, 집게 같은 다양한 수술 도구를 조정한다. 하나의 작은 구멍에 삽입된 카메라와 수술도구는 360도로 회전하고, 다양한 방향으로 구부리거나 펼 수 있어 모든 공간에 장비가 닿는다. 이 덕분에 좁은 구멍으로도 미세한 수술이 가능하여 회복이 빠르고, 환자에게서 떨어져 수술하니 감염 위험도 줄어든다.

이동 중 또는 야간에 사진이나 동영상을 촬영하면 화면이 흔들려서 원하는 이미지를 얻기 힘든 경험이 있을 것이다. 수술도 마찬가지로, 작은 부위에 오래 집중하다 보면 긴장감과 피로로 인해 손 떨림이 발생한다. 하지만 수술 중 작은 손 떨림은 치명적

사고로 연결될 수 있기에, 수술 로봇은 손 떨림 보정 기술을 통해 사고를 미연에 방지한다.

로봇팔에 달린 센서가 카메라의 위치와 움직임을 지켜보다가, 특정 방향으로 기울거나 흔들림이 반복되면 보정 값을 계산한다. 그러면 모터가 로봇팔이 균형을 잡도록 미세하게 움직여서 흔들림을 상쇄시키는 것이 핵심기술이다.

다른 회사는 로봇이 수행하는 수술이 한두 개로 제한적인 데 반해, 다빈치 로봇은 목, 가슴, 배, 비뇨기관 등 사용 부위가 많고, 치료 대상이 넓어 다양한 수술에 활용가능하다. 이는 부품 설계부터 조립, 소프트웨어 개발을 모두 직접 수행하기 때문이다. 이 덕분에 구형 모델, 신형모델, 다른 유형의 수술 로봇과도 부품 호환이 가능하여 관리가 쉬운 장점이 있다.

압도적인 기술력으로 사용자들이 다른 제품으로 전환하기를 꺼리게 되면서, 가격이 인상되어도 지속적으로 사용할 수밖에 없다. 다른 회사의 수술 로봇으로 변경하는 것은 그동안 익힌 조작법과 노하우를 포기하고 다시 모든 것을 배워야 함을 의미한다. 게다가, 검증되지 않은 타사의 로봇으로 수술하다가 생길 위험도 감수해야 하니, 이를 무릅쓰고 타사 제품으로 갈아타는 것은 쉽지 않다.

03 사업

지금은 로봇수술이 대중화되었지만, 사업 초기는 해결하기 힘든 문제가 산적했다. 우선, 의사로서 기존 수술방식의 문제점과 해결책을 마련하고, 엔지니어적 관점에서 로봇의 하드웨어와 소프트웨어를 개발해야 한다. 수술 로봇 개발 후에는 의사를 상대로 사용법을 교육해야 하는데, 기존 수술 대비 효과가 압도적으로 높지 않으면 의사들은 많은 시간과 비용을 들여 배우려 하지 않았다.

마지막 난관은 환자의 수술 동의를 얻는 것이다. 사람이 조종한다고는 하지만, 기계가 오작동을 일으키지 않는다는 보장이 없다. 신기술이다 보니 실제 수술에 적용된 사례도 적어, 자신이 실험 대상이 되는 기분이 들어 수술을 꺼렸다. 하지만, 획기적인 성능으로 수술 로봇의 우수성이 입증되면서 모든 문제가 해결되고, 수술 로봇 시장은 개화를 맞이한다.

수술 로봇은 수십억 원이 넘는 고가의 장비임에도 불구하고, 연간 1천 대 이상이 판매되고 매년 증가하는 추세다. 중증 환자일수록 최신 의료 설비 보유 여부가 병원 선택의 중요한 기준으로 작용하기 때문이다. 병원은 첨단 장비를 홍보하고, 환자는 비싼 요금에도 불구하고 치료 효과가 좋으면서 부작용이 적은 방식을 선호한다. 상호 간의 요구사항이 일치한 덕분에 로봇수술을 도입하는 병원이 계속 증가하고 있다.

하지만, 황금알의 낳는 거위는 따로 있다. 로봇팔에 부착하는 집게, 가위 같은 수술 도구는 몇 번 사용 후 교체해야 하는데, 다른 회사의 제품과 호환되지 않는다. 그 덕분에 소모품 판매가 지속적으로 증가하고, 수익률도 높다. 애플이 아이폰 판매보다 앱스토어를 통해 높은 수수료 수입을 얻는 것에 빗대어, 인튜이티브 서지컬을 수술 로봇계의 애플이라고 부르는 이유다.

마지막으로 서비스도 중요한 수입원이다. 수술 로봇은 고가이면서 정밀한 제품이다 보니, 조종이 잘못되면 장기를 훼손하거나 환자를 사망케 하는 위험한 상황이 발생할 수 있다. 따라서, 최선의 성능이 유지되도록 지속적인 유지보수가 필수이며, 세계 주요국에 설립된 지점의 엔지니어를 통해 기계 관리 수입을 얻고 있다. 또한, 시뮬레이션 시스템과 작동법 연습 교육에서도 수입이 발생하는 다양한 수입구조를 확보하고 있다.

04 재무

매출은 크게 수술 로봇 판매와 서비스로 구분되는데, 매년 10% 이상 지속적으로 성장 중이다. 사람의 생명을 다루다 보니, 실수가 발생하지 않도록 많은 시간과 비용을 들여 수술 로봇 작동법을 학습한다. 이렇게 터득한 수술법은 최신형 모델이 나올수록 노하우가 향상되기 때문에, 타제품으로 전환하는 것이 쉽지 않아, 고객의 재구매율이 높다.

이 덕분에 제조업으로서는 보기 힘든 높은 순이익률을 기록하고 있는데, 당기순이익은 2022년 21%에서 2024년 28%로 증가했다. 언제까지 수술 로봇 시장에서 높은 점유율과 고객의 충성도가 지속될 수 있을까?

구분(단위 : 조원)	2022년	2023년	2024년
매출	87	99	118
로봇	73	84	99
서비스	14	15	18
영업이익	22	25	34
(영업이익률)	26%	25%	28%
순이익	18	25	32
(순이익률)	21%	25%	28%

05 외부 환경

대형 헬스케어 회사가 알짜 사업을 가만히 두고 볼 리가 없다. 진단검사 로봇을 개척하고 있는 존슨앤존슨은 진단에서부터 치료까지 사업 확대를 추진하고 있어 한판 격돌이 불가피하다. 막대한 자금력을 바탕으로 대규모 할인 공세를 펼칠 경우, 다빈치 로봇이 독점으로 향유하던 높은 수익률에 타격이 불가피하다.

중국의 공세도 강화되고 있다. 중국은 정부가 병원을 소유하고 있어, 병원마다 구매할 수 있는 수술 로봇이 할당되어 있다. 미중 갈등이 장기화하면서 반도체, 인공지능 같은 첨단산업을 중심으로 보복관세, 판매금지가 확산 추세다. 공무원의 애플 제품 이용이 금지되면서 애플의 중국 매출이 급감한 것이 대표적인 사례다.

로봇산업 역시 중국이 국가 차원에서 육성하고 있는 첨단산업이므로, 할당량을 조절하여 미국제품의 수입을 금지하고 자국산 제품을 지원할 가능성이 높다. 실제로 수년 전부터 중국회사가 제조한 수술 로봇의 정부 인가가 증가하기 시작한다. 기술적으로도 진화하여 모니터를 3D 안경으로 대체하여 편의성을 높이고, 로봇팔 개수를 늘려 수술 용도가 다양화되었다. 성능은 높이고, 제품 가격과 유지보수비는 낮추는 가성비 전략을 채택하고 있는데, 중국의 도전이 찻잔 속 태풍으로 그칠지, 전기차처럼 세계 1위의 흥행 바람을 일으킬지 지켜봐야 한다.

피규어

01 경영진

플로리다 대학 동창인 아담 골드스타인과 브렛 애드콕은 온라인 채용사이트를 창업하여 매각한 자금으로 아처를 창업한다. 앗, 로봇을 얘기하는데 갑자기 에어택시 아처가 나온 것은 편집 실수인가? 아니다. 아처 경영진 소개의 마지막 부분에서 브렛 애드콕은 30대에 억만장자가 된 후 또 다른 창업을 했다고 얘기했는데, 그 기업이 바로 로봇회사 피규어다.

온라인 채용사이트에서 에어택시라는 전혀 다른 분야의 창업에 성공할 수 있었던 비결은 무엇일까? 모든 것을 처음부터 시작하며 시행착오를 겪는 대신, 최고의 전문가를 채용하여 노하우를 제품개발에 바로 적용하는 것이다. 아처 설립 시에도 에어버스, 구글의 플라잉카 개발자를 통째로 스카우트하는 방식으로 개발 속도를 앞당긴 바 있다.

에어택시와 전혀 다른 분야인 로봇 창업에도 동일한 성공 방식을 활용한다. 회사 매각을 통해 벌어들인 자금으로 테슬라와 보스턴 다이내믹스에서 로봇 개발을 담당하던 엔지니어를 끌어모은 덕분에 창업 3년도 안 되어 로봇 개발에 성공한다.

단기간의 개발 성공 덕분에 아마존, 엔비디아, 마이크로소프트가 수천억 원을 투자하고, 인공지능의 최강자 오픈AI도 지분 투자와 사업 협력을 발표한다. 3년 만에 투자금만 1조 원을 유치하면서, 기업가치는 수조 원을 넘어선다. 테슬라의 옵티머스에 위기감을 느낀 빅테크가 공동 대응을 위해 피규어에 결집하는 모양새다. 테슬라, 스페이스엑스, 뉴럴링크에 잇달아 성공한 일론 머스크처럼 온라인 채용사이트→에어택시→로봇으로 이어지는 3연속 창업에 성공할 수 있을지 귀추가 주목된다.

02 기술·사업·재무

피규어에 대한 정보는 거의 없다. 언어의 문제가 아니라 2022년에 설립되어 3년밖에 되지 않은 신생기업으로서 실적은 휴머노이드 시제품 제작뿐이다. 그럼에도 불구하고 주목을 받는 이유는 빅테크가 수천억 원을 투자하기도 했지만, 언론에 공개한 음성 대화형 추론 동영상speech to speech reasoning에서 보여준 놀라운 기술 때문이다.

사람 : 지금 뭐가 보여?

로봇 : 사과, 컵, 접시 등이 보여.

사람 : 먹을 것 좀 줄래?

(로봇이 사과를 손가락으로 집어서 건넨다)

사람 : 왜 이걸 줬는지 설명해 줄래?

로봇 : 음. 테이블 위에 먹을 수 있는 건 사과밖에 없어서.

사람 : 현재 상황에서, 테이블 위에 있는 그릇은 어디로 가야 하지?

로봇 : 나는…컵과 접시는 건조대로 가야 할 것 같아.

사람 : 잘했어. 그러면 거기에 옮겨줄래?

(로봇이 컵과 접시를 집어서 건조대에 넣는다)

이렇게 자연스러운 대화를 하고, 음식과 물건을 구분하고, 그릇을 어디로 옮길지 판단하는 것은 인공지능을 적용한 덕분이다. 단순한 의사소통을 넘어 추론과 판단까지 가능하다는 점은 로봇 사에서 획기적인 발전이다.

테슬라의 옵티머스가 한 발로 균형을 잡으며 요가 자세를 하고, 손가락으로 계란을 집으며 강약을 조절하는 능력을 보였다면, 피규어는 한발 더 나아가 사람과 소통하는 능력까지 선보인 것이다. 사람처럼 걷고 움직이던 행동 중심에서, 인공지능을 결합하여 사람의 말을 이해하고 스스로 판단하고 추론하는, 비로소 뇌와 몸이 결합된 완전체가 탄생한 것이다.

시각적 센서로 사과를 인식하고, 먹는 것임을 판단하여 사람에게 전달하는 것은 인간의 요청 사항에 대해 자율적으로 결정하고 처리하는 능력을 보여준다. 휴머노이드의 가장 중요한 능력은 강한 힘과 빠른 속도가 아닌 인간과의 상호작용이다. 사람의 언어는 서로 간의 이해를 전제로 축약되거나 모호한 지시가 많기 때문이다.

예를 들어 우리는 흔히 옷에 튀어나온 실을 자를 것을 가져오라든지, 볼펜 좀 갖다 놓으라고 말한다. 불명확한 지시임에도 불구하고, 우리는 그것이 가위를 뜻하고, 장소를 얘기하지 않아도 볼펜이 있을 곳은 책상임을 추론할 수 있다. 물을 쏟았다고 말할 때 상대방에게 기대하는 것은 안타깝다는 동정의 말이 아닌, 닦을 것을 가져오라는 의미이듯이 말이다.

이처럼 휴머노이드가 인간과 공존하기 위해서는 말귀를 알아듣고, 스스로 판단해 업무를 처리하는 알잘딱깔센이 필요하다. 알잘딱깔센을 모른다면, 앞으로는 알아서 잘 딱 깔끔하고 센스 있게 이해하기를 바란다.

05 외부 환경

섬세한 손동작, 의사소통, 추론과 판단. 휴머노이드가 인간에 가까워질수록, 복합적인 기능을 처리하는 과정에서 반응 속도가 저하된다. 눈치로 알아채야 하는 상황 추론과 판단이라는 과정이 로봇에게는 여전히 어려운 과제다. 앞선 대화에서 로봇이 이유를 설명할 때 음. 나는. 하면서 대답을 머뭇거린 것도 이 때문이다.

다양한 기능이 부가될수록 제작 난이도는 높아지고, 대량 생산은 힘들어진다. 공장에서는 로봇팔, 바퀴 로봇의 효용이 훨씬 크므로, 두 다리로 걸으며 손가락을 움직이는 고성능의 로봇은 시기상조라는 시각도 있다. 고성능은 고비용과 직결되는데, 섬세한 손동작을 위해서는 고가의 카메라, 센서, 모터가 장착되어야 하고, 추론과 판단을 위해서는 인공지능이 필요하다. 피규어는 로봇 제작비용을 밝히지 않았으나, 테슬라의 옵티머스 제작비용 4억 원보다 훨씬 높을 것으로 추정된다. 테슬라는 전기차 부품을 직접 개발하고 대량 생산을 통해 비용을 많이 절감했기 때문이다.

이에 반해, 피규어는 100명의 직원이 전부다. 시제품 개발에는 성공했으나, 생산 경험은 미천하다. 테슬라의 목표처럼 3천만 원 이하의 가격으로 낮춰야만 대중화 가능성이 있는데, 이를 위해서는 대량 생산을 통한 규모의 경제가 필수다. 이를 해결하지 못하면 저렴한 인건비와 정부 보조금 혜택을 받는 중국 로봇 기업과의 경쟁에서도 밀릴 수밖에 없다.

또 다른 경쟁상대인 어질리티 로봇은 손바닥만 있어 제작비용이 적고 대량 생산이 가능하여 아마존 물류센터에서 단순 반복 작업에 투입되어 운영 중이다. 손가락, 의사소통, 추론과 판단 능력까지 보유한 피규어는 제작비가 비싼 만큼, 어질리티 로봇보다는 고부가가치의 작업을 수행해야 한다.

한편, 테슬라의 옵티머스는 깨지기 쉬운 달걀을 집을 정도로 강약 조절 능력이 뛰어나지만, 피규어는 사과를 집는 수준이라서 섬세하지 못하다는 지적도 제기된다. 하지만, 인간이 커피를 내리는 것을 보고 이를 모방하는 과정에서, 캡슐이 잘못 끼워지자 스스로 실수를 교정하는 것을 보면 학습과 판단 능력은 테슬라보다 우수한 것으로 평가된다. 피규어는 현재 BMW 공장에서 투입되어 성능을 테스트 중이니, 적합한 업무를 찾아 비싼 몸값을 정당화할 수 있을지 지켜볼 필요가 있다.

로봇 ETF

로봇산업은 인구 고령화, 출산율 감소에 따른 노동력 부족을 해소하고, 단순 반복의 3D업종 기피 현상을 해결할 수 있는 유일한 대안이다. 미국을 필두로 유럽까지 일자리 창출을 위해 세금 혜택을 제공하며 해외공장의 본국 이전을 장려하고 있다. 하지만, 선진국 노동자의 임금 수준으로는 제품의 가격 경쟁력이 없어 로봇을 사용할 수밖에 없다.

산업로봇은 지난 수십 년간의 노하우를 바탕으로 성능이 개선되고, 인공지능과 결합하여 사용처가 확대되고 있다. 로봇에서 획득한 하드웨어, 소프트웨어 기술은 기계, 전자, 자율주행에 적용되므로 첨단산업의 동반 성장도 가능하다. 이에, 기계공학이 발달한 일본, 스위스, 독일도 전략산업으로 적극 육성하고 있으며, 최근에는 중국도 경쟁에 가세했다.

우선, 노인 인구 비율이 높은 일본은 고령화 해결 방안으로 로봇을 적극 활용하고 있다. 대를 잇는 가업을 당연하다고 여기는 문화 덕분에, 기술이 계승 발전되어 낮은 불량률과 높은 성능을 무기로 산업로봇 세계 1위를 유지하고 있다. 대규모로 납품되는 산업용 로봇은 검증된 성능이 가장 중요한 선택 기준이며, 타 로봇으로 교체 시 기존 로봇과의 작동 방식, 시스템 호환 문제가 생길 수 있다.

화낙은 후지쯔의 사내 벤처에서 분사했는데 애플, 테슬라가 주요 고객이다. 센서로 수치를 측정하고, 레이저로 강철을 절단하며, 로봇팔로 물건을 이동시키고, 용접에 이르는 모든 제조 공정의 로봇을 제작한다. 뛰어난 성능뿐만 아니라 철저한 고객관리로도 명성이 높은데, '고장 나지 않는다. 고장 나기 전에 알린다. 고장 나더라도 바로 고친다.'라는 슬로건에서도 잘 나타난다. 단종 로봇의 부품도 보관하고, 부품이 없으면 새로운 부품을 제작해서 수리할 정도로 끝까지 책임지는 정신이 산업로봇 세계 1위의 비결이다.

스위스의 ABB는 전기공사 회사에서 로봇회사로 전환하였다. 경쟁사보다 진입이 늦다 보니, 기름의 압력으로 작동하는 유압식 로봇 대신, 모터로 작동하고 사용자가 동작을 프로그래밍하는 혁신적인 방식의 로봇팔을 선보이며 시장에 진입한다. 로봇 작동

프로그램을 직관적인 그래픽으로 제작하고, 오류처리 프로그램도 탑재하여 고객이 직접 용도에 맞게 수정하도록 개선한다. 이를 바탕으로 생산 공정별로 수집한 데이터를 인공지능으로 분석하여, 생산 공정 자동화로 발전시키면서 스마트 팩토리의 선구자로 입지를 다진다.

독일의 쿠카는 자동차 부품 제작을 쉽게 하려고 개발한 용접장비가 폭스바겐, 벤츠의 자동차 생산에 활용되면서 산업로봇의 시장잠재력을 발견한다. 이에, 자동차 회사와 본격적으로 협력하며 용접 외에 다양한 기능이 가능한 로봇팔을 개발한다. 소형 전자기기가 인기를 끌자, IT회사와 협업하며 작고 정밀한 로봇팔을 제작하여 시장을 다변화한다. 고객사의 요구에 따라 대형부터 소형로봇에 이르는 유연한 제조 방식으로 마이크로 팩토리를 구축하고, 로봇을 추가하는 확장형 시스템도 개발하면서 산업로봇에서 시장점유율을 확대해 나간다.

중국은 서비스로봇과 전기차에서 세계 1위로, 탄탄한 로봇 인프라를 보유하고 있다. 미국이 우주, 군사, 의료, 헬스케어, 제조, 서비스 6개 분야의 로봇 개발 계획을 발표하자, 중국은 로봇을 10대 핵심사업으로 지정하고, 주요 도시에 로봇산업 클러스터를 조성하고 보조금을 지원한다. 중국은 로봇, 인공지능, 우주를 현재의 반도체처럼 미래의 핵심 산업으로 지정하여, 세계 강국으로 도약하기 위해 적극 육성하고 있다.

중국에서 가장 앞선 로봇회사인 유니트리 로보틱스는 대륙의 실수로 불리던 샤오미처럼 가성비를 무기로 시장을 확대해 가고 있다. 보스턴 다이내믹스의 로봇 개가 1억 원인데 반해, 유니트리는 1/50 수준인 2백만 원에 불과하다. 기능이 다소 떨어질지 모르지만, 로봇 대중화의 가장 큰 장애물이던 가격을 획기적으로 낮춘 점은 주목해야 한다.

앞서 살펴본 우주산업에서 소형위성을 군집화하면 일부 위성이 고장이 나도 다른 위성으로 대체하여, 고가의 대형 위성 대신 저렴한 소형위성을 다수 발사하는 것이 유리함을 입증한 바 있다. 마찬가지로 로봇 개를 군사용으로 활용하거나, 민간기업의 경비나 감시에 활용할 경우, 군집화하여 사용하는 것이 효과나 비용에서 모두 효율적이다.

2024년 출시한 신형 로봇은 보스턴 다이내믹스가 가지고 있던 달리기 기록을 갈아치우며, 기술적으로도 뒤처지지 않음을 입증한다. 아직 100미터를 30초에 달리는 수준이지만, 카메라와 라이다를 활용하여 주변 환경을 인식하며 넘어지지 않고 달리는 것을 보면, 로봇을 완벽하게 제어하는 기술을 확보한 것으로 보인다.

로봇은 인간 행동 모방을 위한 머신러닝, 센서를 통한 자율주행, 스스로 판단하는 인공지능 같은 미래 첨단 기술이 융합된 결정체다. 스마트폰 등장 이상의 새로운 사업 기회가 무궁하게 펼

처져 있다 보니, 전통적인 로봇회사뿐만 아니라 아마존 같은 빅테크 기업도 뛰어드는 형국이다.

복잡한 경쟁 구도에서 어느 국가, 어떤 기업이 승자가 될지 모를 경우에는 로봇ETF가 좋은 대안이다. 투자자의 취향을 반영하여 국가별, 산업별 다양한 ETF가 있고, 회사별로 비중을 조정하여 투자위험도 분산할 수 있다. ETF는 운용 수수료도 0.1%에서 1%까지 다양하고, 배당, 추종지수가 모두 다르므로 각자의 성향에 따라 비교하여서 선택하면 된다.

4장
똑똑한 비서 :
인공지능산업

01 역사

2천년 전, 이탈리아 베수비오 화산이 폭발하며 용암과 화산재가 순식간에 폼페이 주변을 덮쳐 수많은 사람이 사망하는 안타까운 참사가 발생했다. 하지만, 순식간에 마을이 파묻히면서 건물, 생활상, 문서가 그대로 보존되다 보니, 고고학적으로 수천년 전 생활상을 살펴볼 수 있는 귀중한 유적이다.

베수비오 챌린지는 폼페이 근처 별장에서 발견된 문서를 해독하는 대회다. 이집트 상형 문자도 해독하는데 이쯤이야 별거 아니라고 생각할 수 있지만, 조건이 있다. 종이를 보지 않고 맞춰야 하는데, 용암의 열기로 인해 두루마리 형태가 숯처럼 타 버렸기 때문이다. 손만 돼도 종이가 바스러지니 펼쳐볼 수 없고, 숯처럼 까매서 육안으로 글자를 알아볼 수 없다. 컴퓨터 스캔을 통해 수백 개의 글자가 있다는 것만 알아낸 상태이다 보니, 14억 원이라는 거액의 상금을 걸고 문자를 해독하는 대회를 개최한 것이다.

한 글자도 해독하지 못한 팀도 많았지만, 인공지능을 활용하여 불가능한 임무에 성공한 팀도 있었다. 컴퓨터와 엑스레이를 통해 촬영한 이미지를 학습하여 글자를 밝혀내고, 가상공간에서 두루마리를 펼쳐 수십 개의 단어를 찾아냈다. 해독 내용에는 그리스 쾌락주의 철학 이야기, 플라톤 무덤의 위치 등이 담겨 있었다.

인공지능은 간단히 말해 컴퓨터가 사람처럼 생각하는 지능을 가지고 있다는 말이다. 하지만, 조금만 깊게 들어가 지능을 어떻게 정의할지를 논의하면 대답하기 어렵다. 지식, 추론, 예측, 사고, 언어, 판단뿐 아니라, 컴퓨터공학, 철학, 심리학, 사회학, 언어학 등이 광범위하게 얽혀있기 때문이다.

인공지능의 역사를 이야기할 때 빼놓을 수 없는 사람이 월터 피츠다. 그는 세포를 연결하는 뉴런이 전기 신호를 주고받는 뇌 활동 방식에 착안하여, 전기 신호를 켜고 끌 수 있는 기계 회로를 최초로 고안한다. 그의 일생은 MIT의 수학 천재 청소부 스토리를 다룬 영화 굿윌 헌팅과 유사하다. 가난한 가정에서 부모에게 학대당하며 살다가 도서관에서 유명한 수학책을 읽고 오류를 발견하여 저자에게 편지를 쓴다. 그의 비범함을 알아본 수학자가 소개해 준 과학자의 집에 머무르며 집필한 논문에서, 오늘날 컴퓨터의 원리인 0과 1의 이진법 개념을 최초로 언급한다.

여기서 잠깐 퀴즈! 우리나라의 고액권인 5만 원 지폐 모델은 신사임당인데, 영국의 고액권인 50파운드 화폐 모델은 누구일까? 정답은 영국 여왕인 엘리자베스 2세지만, 뒷면을 보니 수학 기호 옆에 남자가 있는데, 바로 컴퓨터와 인공지능의 아버지인 앨런 튜링이다.

그는 2차 세계대전에서 파악이 불가능한 것으로 여겨지던 독일의 암호를 해독하는 기계를 만들어 연합군의 승리에 기여한다. 복잡한 계산을 처리하기 위해 긴 테이프에 0과 1을 기록하고, 기계에서 숫자를 읽어내는 컴퓨터와 유사한 튜링머신을 만든다. 또한, 기계가 인간과 같은 지능을 가졌는지를 판단하는 튜링테스트도 만들었다. 컴퓨터와 사람을 격리된 방에 넣어두고 문자로만 질의응답을 진행하는 동안 누가 사람인지 구분할 수 없다면, 인공지능이 사람의 지능을 가진 것으로 판별하는 것이다.

하지만, 기계가 사람 행동을 모방한다고 해서 지능 여부를 판별할 수 없다는 주장도 있다. 예를 들어 방 안의 사람은 중국어를 모르지만, 중국어 질문과 답이 적힌 종이를 가지고 있다면 중국어 질문에 답을 할 수 있다. 종이에 적힌 답을 읽는 것만으로, 이 사람이 중국어를 할 수 있다고 말하기 힘들다. 즉, 튜링테스트의 답변이 지능을 갖고 답변한 건지, 저장된 답을 말한 건지 알 수 없는 단점이 있다.

안타깝게도, 그는 2차 세계대전을 승리로 이끈 일등 공신이었지만, 인생은 불행했다. 동성애로 화학적 거세판결을 받은 후, 청산가리가 든 사과를 먹고 40세의 젊은 나이에 자살로 생을 마감한다. 애플의 한입 베어 문 사과 로고가 컴퓨터와 인공지능의 아버지로 불리는 앨런 튜닝에게 경의를 표하는 것이라는 소문은 근거 없는 것으로 밝혀졌다. 하지만, 그의 일생은 영화 이미테이션 게임으로 만들어지고, 컴퓨터공학의 노벨상이라 불리는 튜링상이 제정될 정도로 그는 컴퓨터와 인공지능의 탄생에 크게 기여했다.

02 목적

인공지능의 가장 큰 목적은 방대한 분량의 데이터를 인간보다 빨리 인식하고 처리하는 것이다. 하지만, 초기 인공지능은 이미지를 통째로 인식하는 것이 아니라, 화소 단위로 쪼개어 수많은 점의 색깔, 밝기로 인식한다. 이로 인해 크기, 방향, 조명으로 이미지가 변형되면 전혀 다른 것으로 인식하는 실수를 저지른다. 반면, 인간은 동물 전문가가 아님에도 불구하고, 수십 종류의 고양이와 강아지를 구분한다. 털, 수염, 얼굴 모양 같은 특징을 통해 고양이와 강아지의 차이점을 판단하기 때문이다.

인공지능의 사물 인식 한계를 해결하기 위해 스탠퍼드대학은 이미지넷 대회를 창설한다. 인터넷에서 수천만 장의 이미지를 다운받아 수만 개의 유형으로 분류한 후, 대회 참가자에게 수만 장의 이미지를 보여주고 분류하는 시합이다. 대부분의 참가자가 이미지를 인식하는 알고리즘 개발에 몰두하는 동안, 한 팀은 딥러닝을 통해 이미지를 추론하는 방식에 집중했는데, 압도적인 성공률로 우승한다. 이 팀이 딥러닝에 사용한 반도체가 엔비디아의 그래픽카드였고, 딥러닝 추론 방식을 개발한 일리야 수츠케버는, 향후 이세돌과의 바둑대국에 사용된 알파고를 개발하고, 오픈AI의 공동 설립자가 된다.

최근에는 신경망의 개수를 수백억 개 이상으로 늘려, 인공지능이 무작위 상태에서 학습을 통해 스스로 규칙을 발견하고, 결과를 생성해 내는 창조의 단계까지 발전했다. 기존에는 글자, 이미지, 음성 각 분야에서 인식의 정확도를 높이는 데 치중했다면, 이제는 모든 분야를 통합 인식하는 게 대세가 되었다. 생각하는 기계를 넘어, 스스로 추론하고 문제를 해결하는 범용인공지능 시대로 접어들고 있다.

헤어컷에 비유하면, 전통 컴퓨터는 뒷머리는 짧게, 옆은 귀가 나오게, 앞은 눈썹을 가리지 않게 잘라달라는 규칙을 입력하면, 100명의 고객이 와도 모두 동일하게 헤어스타일을 만든다. 반면, 인공지능은 가위, 칼, 빗의 사용법을 알려주면, 서투른 동작으로 시행착오를 겪으면서 머리를 자르게 된다. 그 후 헤어컷 동영상을 보면서 스스로 미용 실력을 업그레이드하게 되면, 사람 미용사와는 전혀 다른 방식의 헤어컷도 창의적으로 수행할 수 있게 된 것이다.

03 분야

인공지능은 보안 분야에서 강력한 효과를 발휘한다. 범죄자의 인상착의 특징을 인식하므로, 모자, 수염으로 변장하거나 표정, 조명에 따라 이미지가 변하더라도 정확하게 판별한다. 보이스피싱 범죄자가 목소리를 변조하더라도 음파의 특성, 스타일을 분석하여 사람이 찾아낼 수 없는 음성 신호도 잡아낸다. 거짓말 탐지, DNA 분석을 통해 나이, 피부색, 신체 특징도 예측할 수 있다.

금융도 인공지능이 활용되는 분야다. 로보 어드바이저는 자산규모, 소비지출 형태, 위험 선호도와 같은 고객의 투자성향을 조사한다. 이를 근거로 고객에게 적합한 투자전략을 수립하고, 다양한 투자상품을 선정한다. 금융상품의 과거 데이터를 시뮬레이션하여 예상 수익률과 손실 위험 범위를 테스트한다. 투자모델이 완성되면 금융상품을 거래하고, 성과에 따라 투자모델을 업그레이드하면서 수익과 위험을 체계적으로 관리한다.

자율주행에도 인공지능이 필수다. 카메라, 레이더 같은 다양한 센서를 통해 물체의 위치, 속도, 도로 환경 정보가 수집되면 인공지능이 신호등, 교통체계와 결합하여 종합적인 상황을 파악한다. 그 후 가속, 제동 같은 운전 조작을 수행하고, 돌발상황이 발생하기 전 사고 위험을 예측하여 선제적으로 대응한다.

인간으로서 불가능하다고 여겨지는 분야에서도 놀라운 활약을 보이는데, 대표적인 것이 의료산업이다. 아무리 뛰어난 명의라 하더라도, 의료지식은 자신이 학습한 과거에 머물러 있고, 경험한 사례는 한정적일 수밖에 없다. 하지만, 인공지능은 최신 의료 논문과 수억 명의 치료 데이터를 보유하고 있다. 이 덕분에 초음파, 엑스레이의 이미지와 동영상에서 크기와 색깔의 미세한 변화를 기존 데이터를 비교하여, 질병 유무를 진단할 수 있다.

환자 데이터의 체계적 관리가 가능하므로 치료 효과도 증대된다. 지금까지는 방대한 양의 데이터를 사람이 분석하는 것이 불가능하여, 치료에 성공한 환자보다 부작용에 초점을 맞출 수밖에 없었다. 하지만, 인공지능을 활용하면 치료에 성공하거나 실패한 환자의 데이터를 체계적으로 추적할 수 있어 성공 요인은 강화하고, 실패 요인은 다른 치료법을 적용해 개선해 나갈 수 있다.

신약 개발 과정에서도 세균의 분자구조를 딥러닝으로 학습하면, 치료제의 분자구조도 스스로 발견해 낼 수 있다. 이를 바탕으로 새로운 분자구조를 만들어 내고, 신약후보 물질을 생성한다. 인간이 수년간 실험을 통해 처리하는 과정을 인공지능은 단기간에 시뮬레이션을 통해 처리하여 개발기간과 비용을 절감한다. 데이터 검색, 수집, 분석 과정을 자동화하여, 문제 발생 원인과 해결책도 즉시 마련할 수 있다.

게다가, 유전자 특이성과 연결하면 본인의 질병을 바탕으로 가족의 질병 가능성까지 예측할 수 있다. 희귀 질병이나 복합 질병 중에는 유전적 특성에 기인하거나, 하나의 질병이 다른 질병에 영향을 끼치는 경우가 많은데, 사람이 방대한 정보에서 인과관계를 찾아내는 것은 불가능하다.

04 전망

'조선왕조실록에는 세종대왕이 훈민정음을 만들던 중, 문서 작성이 중단되어 맥북을 신하에게 던졌다는 일화가 있다.' 위 문장은 챗GPT 초기 시절 인공지능이 거짓을 진실처럼 설명하는 유명한 오류 사례다. 세종대왕이 살던 15세기에 애플의 노트북인 맥북이 없다는 것은, 사람이라면 누구나 알 수 있는 사실이다.

하지만, 거짓을 진실처럼 말하는 환각은, 정보를 생성하는 인공지능에서 흔히 발견되는 현상이다. 진실 여부를 모른 채 방대한 자료를 학습하여 주어진 질문에 가장 자연스럽게 이어지는 문장을 확률적으로 계산하여 결과를 생성하기 때문이다. 일상생활의 오류라면 웃어넘길 수 있지만, 자율주행, 신약 개발에서 발생한 오류라면 치명적인 사고로 이어질 수 있다.

예를 들어, 아이가 음료수 컵을 들고 장난을 치다가 옷에 쏟았을 때 '잘한다'라고 지적한다면, 인공지능은 실수를 비꼬는 의도인지 모른 채, 문자 그대로 칭찬으로 인식한다. 지금은 올바른 추론에 대해 보상학습을 강화하고, 질문과 정보의 관계성, 질문의 의도, 뉘앙스를 파악해서 이러한 오류는 많이 개선되었다. 그러나, 환각은 여전히 인공지능의 치명적인 약점이기에, 결과를 맹신하지 말아야 한다.

규제도 중대한 위협 요인인데, 2024년 유럽은 세계 최초로 인공지능 규제법을 제정한다. 스팸메일같이 최소 위험부터 인간을 조종하는 최대 위험까지 4단계로 분류하고, 인간의 행동이나 감정에 의도적으로 개입하는 행위는 금지한다. 인공지능의 딥러닝에 활용되는 데이터는 출처와 저작권을 공개해야 하는 등 인간의 안전성에 초점을 맞춘 백 페이지에 달하는 방대한 규제다. 반면, 오픈AI, 구글 같은 인공지능 빅테크 기업을 보유한 미국은 자국 산업을 보호하고, 주도권을 유지하기 위해 우호적인 방식의 자율규제를 추진하고 있다.

터미네이터 같은 SF영화에서는 인공지능이 인간에게 반란을 일으키고, 지구를 멸망시키는 존재로 묘사되는데, 인공지능 로봇에 대한 두려움은 오래전부터 있어 왔다. 이러한 두려움 때문에 아시모프는 100년 전 자신의 SF소설에서 로봇은 인간에게 해를 가하지 않아야 하며, 인간의 명령에 복종하고, 앞의 두 원칙을 위배하지 않는 수준에서 로봇 자신을 보호해야 한다는 원칙을 제시하기도 한다.

윤리성, 안전성에 대한 우려로 인공지능을 등한시하는 것은 어리석은 생각이다. 앞으로 인공지능의 파급력은 컴퓨터, 인터넷, 스마트폰의 출현보다 더 거대하고 강력할 것이기 때문이다. 느슨한 규제로 기술이 악용될 위험과 강한 규제로 혁신산업이 좌절되는 위험 사이에서 균형 잡힌 시각이 필요한 시기다.

오픈AI

01 경영진

오픈AI는 구글처럼 인터넷 검색 결과를 보여주는 것이 아니라, 질문에 대한 답을 만들어 내는 생성형 인공지능인 챗GPT를 최초로 만들었다. 샘 올트먼은 다른 빅테크 경영자처럼 어릴 때 독학으로 프로그래밍을 습득하고, 스탠퍼드대학 컴퓨터학과를 중퇴한 공통점이 있다.

SNS 회사를 창업하여 매각하고, 창업 초기 스타트업을 육성하는 와이콤비네이터 회장직에 오른다. 에어비앤비, 핀터레스트 같은 유망기업에 투자하여 막대한 수익을 달성한 후, 오픈AI를 창업한다. 그 후에도 생체 정보와 블록체인을 연결한 월드코인을 창업하고, 핵융합 발전 회사에 투자하는 등 미래 혁신 기술과 관련된 다양한 사업에 참여하고 있다.

평생 실패라고는 모르는 승자의 삶을 살아온 것처럼 보이지만, 그에게도 아픈 구석이 있는데 동성애자라는 점이다. 앞서 살펴본 인공지능과 컴퓨터의 아버지인 앨런 튜닝이 동성애로 자살했던 때에 비하면 지금은 시대가 많이 변했다고 하지만, 사회적 소수자로서의 차별은 여전히 존재한다.

그가 경험한 차별 때문이었는지, 오픈AI는 누구나 차별 없이 이용가능한 비영리단체로 설립된다. 하지만, 개발 규모가 확대되고 구글과의 경쟁이 심화되자, 영리사업을 추진하고 지분 매각을 통해 외부 투자를 유치한다. 이 과정에서 이사회와 마찰이 발생하여 스티브 잡스처럼 자신의 회사에서 해임되는 우여곡절을 겪기도 하였으나, 일주일 만에 대표이사로 복귀하며 회사를 이끌고 있다.

02 기술

2024년 출시된 GPT4o(지피티포오)는 글자, 이미지, 소리를 통합 인식하는 특징을 반영하여 옴니의 약자인 o를 붙였다. 이미지 인식의 경우 휴대폰으로 사람의 표정을 인식하여 기분을 파악하고, 수학 문제를 보여주면 친절하게 설명을 해준다. 작성한 코딩에 대한 피드백을 요청하면 개선이 필요한 부분도 알려준다.

소리의 경우 수십 개 언어를 실시간으로 통역 가능하다. 아이가 잠들기 전 읽어줄 이야기를 해 달라고 요구하자, 즉석에서 이야기를 만들어 낸다. 최대한 감정을 실어 읽어달라고 하니 성우처럼 드라마틱한 목소리로 읽고, 노래하듯이 읽어달라는 요구에는 한숨을 쉰 후 리듬을 붙여 읽는다. 진행자가 호흡을 거칠게 하자, 편안하게 심호흡하도록 유도하며 대화를 이어간다.

이처럼 다양하게 듣고 말할 수 있는 것은 소리를 글자로 변환하여 인식한 후, 소리로 재변환하는 과정을 거치지 않고, 소리 자체를 인식하기 때문이다. 이 덕분에 처리 속도가 실시간으로 빨라지고, 반응도 인간처럼 자연스러워졌다.

인공지능이 선생님의 역할을 대신할 날도 그리 멀지 않았다. 이제는 인공지능 앞에서 잘못을 고해하고, 사람에게 밝히기 어려운 내면의 고민을 털어놓는 날도 올 것이다. 인간 상담사는 거짓말로 속일 수 있으나, 인공지능은 나의 표정과 감정을 읽어내어 거짓을 밝혀낼 수 있기에 진솔해질 수밖에 없다. 게다가 사람이 아니기에, 수치심을 느끼지 않고 치부를 드러내 보일 수도 있어서, 내면 갈등에 대해 솔직하고, 정확한 해결책을 얻을 수도 있기 때문이다.

03 사업구조·재무

최소 6천조에서 최대 1경. 오픈AI가 전 세계 금융기관으로부터 유치하고자 하는 투자 금액이다. 2023년 세계 반도체 시장 규모가 약 6백조이니, 피부로 와닿지 않는 막대한 금액이다. 오픈AI는 엄청난 자금을 바탕으로 반도체 설계부터 생산, 프로그램 개발까지 인공지능에 관련된 모든 과정을 독점하겠다는 지구 정복 수준의 원대한 계획을 품고 있다.

알파고로 인공지능을 주도하던 구글의 폐쇄적인 개발에 대항하기 위해 샘 올트먼과 일론 머스크는 오픈AI를 공동으로 창업한다. 그 후, 개발 범위가 확대되면서 대규모 자금이 필요하게 되자, 마이크로소프트가 수조 원의 돈을 투자하면서 2대 주주가 된다. 비상장회사라서 재무제표를 공개하지 않지만, 외신을 종합하면 2023년 매출이 2조 원을 넘어섰고, 매년 2배 이상 성장하고 있다. 하지만, 챗GPT 운영 비용과 차세대 인공지능 개발에 막대한 자금을 쏟아붓고 있어 향후 수년간 적자를 면하기 어려워 보인다.

그럼에도 불구하고, 오픈AI가 연구개발에 매진할 수 있는 것은 마이크로소프트의 지원 덕분이다. 마이크로소프트는 100조 원이 넘는 현금, 클라우드 컴퓨팅과 소프트웨어라는 최고의 판매망을 보유하고 있다. 거인의 어깨에 올라탄 오픈AI의 질주가 어디까지 이어질지 흥미롭게 지켜보자.

04 외부 환경

사실처럼 정교하게 제작되어 조작 여부를 구분하기 힘든 딥페이크 영상, 거짓을 진실처럼 생성해 내는 환각 정보, 인간의 일자리를 빼앗는 실업 등. 인공지능이 인간의 생활에 위협이 될 것이라는 우려로 인한 규제가 생겨나고 있다.

개발 과정의 불법행위에 초점을 맞춘 유럽의 인공지능 규제는 오픈AI에 불리하게 작용한다. 인공지능 학습에 사용된 저작권 자료의 출처를 요구하고, 부적합한 자료 생성 방지를 위한 안전장치를 요구하고 있어, 인공지능 개발을 까다롭게 만들기 때문이다.

반면, 미국의 규제는 소수의 기업에 개발 자율권을 부여하는 방식으로 우호적이다. 인류를 파멸로 몰 수 있다는 위험성을 강조하면서, 아무 회사나 기술을 개발하게 해서는 안 된다는 입장을 취하고 있다. 이렇게 되면 안전성, 윤리성을 종합적으로 통제하고, 신뢰할 수 있는 빅테크가 개발의 주도권을 갖게 된다. 기술 독점, 개인정보 침해는 인류 파멸이라는 과장된 위험에 묻히게 되어, 개발 과정의 장애물이 제거된다. 소수 기업에 제한적 규제를 추구하는 미국식 규제와 모든 기업에 개발 원칙을 제한하는 유럽식 규제 중 어느 방식이 주류가 될지에 따라 오픈AI의 운명이 달라질 것이다.

공동창업자인 머스크와의 소송도 고민거리다. 머스크는 회사명을 오픈으로 정한 것은 비영리와 공익이 목적이었는데, 영리법인 자회사를 설립하고 수조 원의 투자를 유치한 것은, 계약 위반이라고 주장한다. 또한, 설립 취지에 맞게 인공지능의 핵심기술인 소스 코드를 모두 공개하라고 요구하고 있다. 반면, 올트먼은 막대한 개발비를 충당하기 위해서는 수익 추구가 불가피한 선택이라고 항변한다. 머스크가 과거 오픈AI와 테슬라 합병을 추진했다는 점을 근거로, 머스크의 주장은 기업 찬탈을 위한 계략이라고 반박한다.

머스크는 경쟁사가 스페이스엑스의 로켓 재착륙 기술을 모방할 수 없도록 한 건의 특허도 등록하지 않고 기술을 철저히 숨기고 있다. 게다가, xAI라는 인공지능 회사를 별도로 창업한 것을 보면, 자신이 포기한 오픈AI가 마이크로소프트와 손잡고 승승장구하는 것에 대한 트집 잡기일 가능성이 높다.

하지만, 이것은 어디까지나 추측이며 정황에 지나지 않아 승소를 장담할 수 없다. 소송에 패소하게 되면 핵심기술을 모두 공개해야 하며, 하드웨어부터 소프트웨어까지 인공지능 대제국을 건설하려는 오픈AI의 계획은 차질을 빚게 된다. 한때 동업자였던 두 사람이 다시 동지로 돌아갈지, 서로에게 칼을 겨누는 원수가 될지 시간이 지나면 판가름 난다.

팔란티어

⋮

01 경영진

음식 배달 주문이 늘면 긴급상황이 발생했다는 증거일까? 9.11 테러 때 뉴욕의 세계무역센터가 붕괴하며 이목이 쏠렸지만, 워싱턴의 국방부도 공격받아 건물이 일부 붕괴하는 피해를 본다. 거대한 오각형 건물 모양을 따서 펜타곤으로 불리는 국방부는 수만 명의 군인과 정보요원이 전 세계에서 수집되는 정보를 분석하는 곳이다.

러시아와 우크라이나, 이스라엘과 중동의 전쟁부터, 북한의 도발, 남미의 테러에 이르기까지 일촉즉발의 상황이 발생할 위기에 처하면, 24시간 비상근무 체제에 돌입하게 된다. 아무리 긴급

한 상황이라도 밥은 먹어야 하니, 펜타곤 주변 식당에 갑자기 음식 배달 주문이 급증하는 경우, 중대한 위기 상황이 발생했을 가능성이 높다.

창업자들도 사생활 노출을 꺼리는 비밀스러운 회사인 팔란티어는 피터 틸이 친구들과 공동으로 설립했다. 본사는 로키산맥의 콜로라도에 있지만, 그는 인생의 상당 부분을 캘리포니아에서 보냈다. 독일에서 출생하고, 아프리카 나미비아에서 살다가, 청소년 시절 캘리포니아에 정착한다. 스탠퍼드에서 철학을 공부하고 로스쿨을 졸업한 후, 변호사로 활동하고 투자은행에서 일하기도 한다.

하지만, 30대에 실리콘밸리로 돌아와 스타트업을 창업했는데, 이 회사가 일론 머스크의 회사와 합병한 온라인 결제회사 페이팔이다. 회사 운영 방식을 둘러싼 갈등으로 머스크를 해고하고 대표이사가 된 후, 나스닥 상장과 이베이 매각에 잇달아 성공하며 막대한 부를 얻는다. 세계 최고라고 자부하던 미국이 9.11 테러에 무방비 노출되었는데도, 사전에 정보를 수집하고 대응하는 체계가 없다는 사실에 충격을 받고, 보안 관련 빅데이터 회사인 팔란티어를 창업한다.

잇따른 사업 성공으로 인한 자신감 때문일까, 일부에서는 그를 독선적이고 무자비한 경영자로 평가하기도 한다. 자신이 모든 것을 쏟아부어 성공한 것처럼 예비 창업자에게도 혹독한 조건을 요구하여 구설에 오르기도 하는데, 대표적인 것이 창업지원 정책이다.

그가 설립한 벤처캐피탈은 창업 지원자에게 1억 4천만 원의 자금을 지급하고, 액셀러레이터 같은 전문 기관으로부터 경영지원을 받는 프로그램을 개설한다. 선발자는 창업에 전념하기 위해 대학을 중퇴해야 하지만, 매년 지원자가 증가하고 있다. 이 프로그램의 수혜자 중 가장 유명한 사람은 비탈릭 부테린이다. 기성세대에게 낯선 이름이겠지만, 그는 워털루 대학을 중퇴하고 블록체인으로 편리하게 거래할 수 있는 암호화폐를 만드는데, 이것이 비트코인 다음으로 유명한 이더리움이다.

그는 자신의 신념을 밀어붙이는데 망설임이 없다. 게이임을 자랑스럽게 공표하면서도, 정치 성향은 성 소수자를 지지하는 민주당이 아닌 공화당 지지자다. 진보성향의 스탠퍼드대학을 다니는 동안 보수언론인 대학신문을 창간하고, 경쟁 대신 독점을 통해 막대한 이윤을 추구하는 것이 바람직한 기업경영이라고 주장한다.

매우 현실주의자인 것 같지만, 판타지와 공상과학을 즐기는 이상주의자이기도 하다. 팔란티어는 반지의 제왕에서 모든 것을 볼 수 있는 수정구슬이며, 그가 창업한 미스릴 벤처캐피탈도 반지의 제왕에 나오는 깃털처럼 가벼우면서 강철보다 강한 마법의 금속에서 이름을 따왔다. 그리고, 미스릴 벤처캐피탈에서 일했던 직원이 상원의원에 도전할 때, 140억 원의 정치자금을 지원하며 든든한 후원자를 자처한다. 그 직원은 40세의 젊은 나이로 트럼프 정부의 부통령이 되는 밴스인데, 정말 미래를 보는 안목이 탁월하다는 걸 인정할 수밖에 없다.

02 기술

나이팅게일 하면 '백의의 천사'가 먼저 떠오르는데, 영국의 간호사로 전쟁터에서 수많은 사람의 목숨을 구했기 때문이다. 하지만, 그녀는 빅데이터 분석처럼 통계를 활용해 현대적인 의료체계를 구축한 사람이다. 크림전쟁의 야전병원에서 전투로 인한 사망자보다 열악한 위생 환경으로 인한 사망자가 더 많음을 깨닫고, 환경 개선에 큰 노력을 쏟지만, 개인의 활동으로는 한계를 절감한다. 정부 지원을 끌어내기 위해 사망 원인을 전투, 부상, 질병처럼 체계적으로 분류하여 수백 페이지에 달하는 방대한 보고서를 작성하여 정부에 제출한다.

결과는 어떻게 되었을까? 아쉽게도 수백 페이지의 보고서는 제대로 검토되지 않았는데, 요즘 말로 하자면 TLDR[Too Long Didn't Read] 너무 길어 아무도 읽지 않은 것이다. 그녀는 방법을 바꾸어, 대형 원을 그려서 피자 조각처럼 12등분으로 나누어 1월부터 12

월까지 구분한다. 피자 한 조각에 해당하는 부분 중 좁은 삼각형 부분은 전투에 의한 사망자고, 손으로 잡는 피자 가장자리는 질병 감염에 의한 사망자 수를 기록한다.

구구절절한 설명 없이 도표만 봐도 질병에 의한 사망자가 압도적으로 많고, 날씨가 더워 전염병이 퍼지는 여름에는 더욱 증가함을 알 수 있었다. 데이터 간 비교 분석이 가능한 도표 덕분에, 야전병원 위생 환경 개선의 중요성이 드러난다. 결국, 정부의 대규모 지원이 이뤄지게 되고, 50%에 이르던 사망률은 한 자릿수로 급격하게 하락한다.

팔란티어의 핵심기술은 글자, 이미지, 동영상의 다양한 정보를 통합하여 분석하고, 이를 시각적 자료로 표시하여 의사결정의 효율성을 높여주는 빅데이터 분석 능력이다. 러시아가 우크라이나를 침공했을 때, 많은 군사전문가는 한 달 안에 우크라이나를 합병할 것으로 예상한다. 러시아의 군사력이 압도적이고, 전면전을 원치 않는 미국과 유럽의 참전이 어렵다고 생각했다. 하지만, 예상을 깨고 우크라이나가 수년간 러시아의 침공을 막아낼 수 있었던 데는, 스페이스엑스의 위성 인터넷과 팔란티어의 데이터 분석 덕분이다.

팔란티어는 비행기, 선박, 자동차, 인공위성 등 수많은 이동 수단에 센서를 설치하여 실시간으로 음성, 이미지, 영상 데이터와 이메일, 인터넷, SNS 온라인 정보를 수집했다. 이렇게 수집된 정보는 분석할 수 있는 통합 데이터로 변환되고, 인공지능이 빅데이터 분석을 통해 추론하면, 결과가 시각화된 자료로 표출된다.

러시아 군대의 규모, 위치를 지도에 표출하고, 인공지능이 스스로 학습하며 데이터 분석의 정확도를 높여 나갔다. 분석자료를 공격과 방어에 활용하면서, 정밀 유도탄, 드론 같은 첨단 무기보다 적군의 위치와 동태를 실시간으로 파악하는 소프트웨어의 중요성을 전 세계가 깨닫게 된다.

데이터 분석은 비단 국방, 보안에만 활용되는 것이 아니다. 입력부터 결과까지 단일 시스템에서 데이터를 추적 처리하여 특이한 변동 사항을 파악할 수 있다. 매출 매입이 급증하는 이상 거래, 일시적인 대규모 자금 유출과 같은 내부 비리 적발에도 용이하다. 또한 재무, 영업 등의 데이터를 분석하여 중복 비용을 제거하고, 입력값을 변화시켜 시뮬레이션함으로써 생산 공정을 개선하고 제조 기간을 단축하는 경영 효율화에 활용할 수도 있다.

03 사업구조

빅테크, IT기업 모두 인공지능 산업을 선점하기 위한 대규모 초고속 인공지능 구축에 사활을 걸다 보니, 엔비디아의 고성능 반도체가 품귀를 빚고 있다. 하지만, 수년 후 하드웨어 구축 경쟁이 완료되면, 누가 더 정확한 결과물을 효율적이고 창의적으로 산출하느냐를 놓고 품질 경쟁이 펼쳐지는 시대가 올 것이고, 그때는 분석 소프트웨어의 중요성이 부각될 수밖에 없다.

팔란티어는 빈 라덴 은신처를 찾아 명성을 얻게 되었는데, 주요 고객은 국방부 같은 정부 기관이 많다. 전쟁, 테러 징후를 파악하여 위기를 예방하고, 인신매매, 마약 거래, 자금세탁 같은 범죄행위 적발에 사용된다. 이런 무시무시한 업무 외에 비용 절감 분석에도 사용되는데, 영국 건강보험 기관과 8천억 원에 이르는 대형 계약이 대표적이다. 개인의 은밀한 진료기록 데이터를 외국 회사와 계약하는 것에 대한 논란도 있었지만, 건강보험 효율화라는 실리가 반대의견을 압도했다.

최근에는 제조, 건설, 금융같이 데이터를 다루는 일반회사로 판매 영역이 확대되고 있다. 원재료 투입부터 제품 제작, 불량 점검 등 제조 공정에서 발생하는 다양한 문제점 분석이 가능하다. 기술 개발, 생산, 재무, 마케팅, 영업에 이르는 데이터를 통합 관리하여 비용 절감, 업무처리 속도 개선에 활용할 수도 있다.

금융기관의 경우 금리, 주가, 환율 데이터를 다양한 조건으로 시뮬레이션하여 새로운 금융상품을 개발할 수 있다. 고객의 매매 성향에 맞는 상품을 추천하거나, 불공정 거래를 탐지하여 금융사기 적발에도 활용할 수 있다.

04 재무

높은 기술력에도 불구하고 주요 매출처가 공공부문에 치우쳐 있다 보니, 매출 성장에 한계가 있다는 지적을 받아왔다. 하지만, 인공지능이 본격화되면서 빅데이터 분석의 중요성이 드러나고, 생산성 향상과 비용 절감 효용이 입증되면서 민간 부문의 매출이 급증한다. 예를 들어 생산량, 재고, 불량률을 입력하면 성수기의 제품생산량, 고용인력 등을 분석하여 최적화된 값을 제시한다.

이를 반영하듯 민간 부문 매출은 2022년 11조 원에서 2024년 18조 원으로 대폭 증가하고, 창업 20년 만인 2023년에는 순이익이 흑자로 전환한다. 공장 같은 대규모 설비투자가 필요 없다는 점은 수익률 향상에 대한 기대를 갖게 한다. 하지만, 트럼프 정부가 국방비를 포함한 정부예산의 대규모 감축을 추진하는 것

구분(단위 : 조원)	2022년	2023년	2024년
매출	27	31	41
정부	15	17	22
민간	11	14	18
영업이익	-3	1	4
(영업이익률)	-	5%	11%
순이익	-6	3	7
(순이익률)	-	10%	16%

은 악재로 작용할 수 있어, 미래 재무 상황을 예단하기는 어려운 상황이다.

05 외부 환경

하이테크 기업은 우수 인재가 기업 경쟁력의 핵심이지만, 빅테크처럼 높은 임금을 지급할 여력이 없다. 그래서 사용하는 것이 스톡옵션과 제한 조건부주식 보상을 통해 기업의 성장이 직원의 이익으로 연결되게 만든다. 스톡옵션은 일정 기간이 지난 후 특정 가격에 주식을 살 수 있는 권리이다 보니, 직원이 대금을 납입해야 한다. 반면, 제한 조건부주식은 일정 기간이 경과하거나 목표를 달성하면 주식이 부여되므로 직원이 대금을 납입할 필요가 없다.

직원에게는 업무 동기를 부여하는 좋은 당근이지만, 투자자에게는 발행주식 수가 증가하여 주가 하락을 유발하는 애물단지다. 팔란티어는 주식 보상이 다른 하이테크 기업 대비 과도한데, 지난 수년간 상장 후 주식 보상으로 증가한 주식 수가 20%가 넘고, 앞으로도 비슷한 규모의 주식 보상이 남아있어 주가 상승의 걸림돌로 작용하고 있다. 행사 기간이 수년에 걸쳐 분산되어 단기에 주가가 급락하지는 않겠지만, 수조 원의 주식 보상이 회계상 비용으로 처리되면서 수익성 저하의 원인으로 작용한다.

테슬라도 전기차 대량 생산의 성공 여부를 두고 기업의 존폐 논란에 휩싸였을 때, 일론 머스크는 불가능한 수준의 매출과 수익을 달성할 때까지 무급 근무를 선언한다. 대신, 목표 달성 시 70조 원의 스톡옵션을 받기로 하고, 수년 만에 목표를 초과 달성한다. 팔란티어를 따라다니는 주식 보상 논란도, 보상을 뛰어넘는 성과로 기업의 성장성을 입증하느냐에 달려있다.

사업 특성에 따른 장기계약 특혜 시비도 당면 과제다. 전략, 금융, 기술같이 중대한 정보를 다루다 보니, 자료 기밀 유지 및 기존 데이터 분석과 일관성을 위해 장기 계약이 많다. 하지만, 정부 기관은 특혜 시비 같은 불필요한 논란을 피하려고, 팔란티어가 독점하던 계약을 다수의 회사와 분할 계약하는 방안을 검토 중이다. 공공기관의 특성상 일부에서 계약처 변경과 분할 계약에 나서게 된다면, 다른 곳도 이러한 흐름에 동참하는 경향이 있어 매출이 순식간에 급락할 수 있다. 인공지능과 독점이라는 양대 규제에 대하여 빅데이터 분석처럼 묘책을 찾을 수 있을지가 관건이다.

3부

프론티어 테크

아직 성공 여부가 불투명하지만,
개발 완료 시 혁신을 넘어
게임 체인저가 될 수 있는
마법 같은 꿈의 기술이 프론티어 테크다.

개척자 정신과
개척 기술

⋮

50개 주가 모인 연합 국가인 미국은 주 이름을 보면 역사적 유래를 알 수 있다. 동부는 유럽 이민자가 상륙하면서 발전했는데, 뉴욕주는 영국 왕의 동생 욕에게 토지를 하사하며 새로운 욕이라는 뜻으로 뉴욕New York이 된다.

루이지애나Louisiana는 이름에서도 알 수 있듯이 루이 14세의 땅이라는 뜻으로, 원래 프랑스의 영토였다. 영국으로부터 독립한 후 서부로 영토를 넓혀 나가는 과정에서, 대륙을 가로지르는 미시시피강은 물자 수송을 위한 중요한 수로였다. 미시시피강을 지날 때마다 프랑스에 통행료를 지급해야 했던 미국은, 19세기 당시 140억 원에 루이지애나 매입을 제안한다.

유럽에서 영토를 확장해 가던 나폴레옹은 점령지의 반란으로 곤란을 겪고 있어, 먼 거리에 있는 미국에 신경을 쓸 여력이 없었다. 프랑스는 루이지애나주 매입 제안을 받자, 미주리 등 중부 14개 주를 200억 원이라는 헐값에 처분한다. 미국은 이 기세를 몰아 멕시코와 전쟁을 벌여 뉴멕시코$^{New Mexico}$에서부터 캘리포니아에 이르는 서부를 점령하면서 오늘날 국토의 모습을 갖추게 된다.

광활한 영토를 가졌다고 해서, 국가가 저절로 발전하지는 않는다. 인디언 원주민을 내몰고, 이민자가 정착하여 농사를 짓고 산업을 발전시켜야 세금을 거둬들일 수 있다. 도로, 물 같은 생활 인프라가 갖춰지지 않은 척박한 환경에 거주하려면 그에 상응하는 보상이 있어야 한다. 그래서 5년 이상 농사를 지으며 정착한 사람에게 대규모 땅을 무상으로 부여하는 법이 제정되면서, 서부 개척 시대가 본격화된다.

하지만, 서부 개척 시대는 법보다 주먹, 아니 총이 앞서는 무법 시대였다. 농사를 짓기에 적합한 땅이 없어 가축을 기르는 목장이 많았는데, 수년간 힘들게 기른 가축을 한밤중에 도둑맞는 일이 흔했다. 빼앗긴 영토를 되찾기 위해 인디언이 이주민을 공격하는 일도 잦았다. 결국, 도둑과 원주민으로부터 자신을 보호하기 위해 총으로 결투를 벌이는 카우보이가 생겨나면서 총기 사용이 일상화된다. 그런데도, 황금과 무상 영토를 얻기 위해 서부 개척에 도전하는 사람은 끊이지 않았고, 그들 중 일부는 막대한 부를 얻기도 한다.

　지금까지 살펴본 우주, 항공, 로봇, 인공지능 같은 하이테크 기업은 현재 기술개발이나 시제품 개발을 완료한 회사로서, 제품개발과 대량생산에 성공하면 십년 후 빅테크로 성장할 가능성이 있는 회사다. 반면, 앞으로 살펴볼 바이오, 3D프린팅, 양자컴퓨터, 에너지 발전은 기술개발에 성공하여 매출을 실현할 수 있을지가 불투명하다. 기술 제약으로 인해 완성도가 낮거나, 안정성이 확보되지 않았으며, 제품 상용화까지 넘어야 할 장애물이 많기 때문이다. 하지만, 기술개발과 제품화에 성공하면 지금의 인공지능처럼 먼 훗날 게임 체인저가 될 수 있는 파괴력을 지녔기에, 서부 개척 시대에 빗대어 프론티어 테크 Frontier Tech 라 부르기로 한다.

슈퍼 인간에 도전 :
유전자와 뇌 해독

01 역사

진시황은 10년의 전쟁 끝에 중국을 통일하며 황제에 오르자, 권력을 영원히 누리고 싶었다. 불로초를 구하기 위해 중국을 비롯한 아시아를 돌아다녔지만 실패하자, 서불이라는 신하가 바다 건너 신선이 사는 곳에 불로초가 있다고 얘기하며, 3천 명의 탐험대를 꾸려 불로초를 찾아 나선다. 제주도의 한라산에 도착한 후, 중국 전설 속 영주산으로 여겨 영지버섯과 약초를 캐고, 서귀포를 통해 중국으로 돌아갔다고 전해진다. 그래서 서귀포의 지명도 서불이 중국으로 돌아간 물가라는 뜻에서 유래됐다는 설도 있다.

실제로 그가 제주도를 방문했는지, 중국으로 돌아가서 진시황에게 불로초를 진상했는지는 알 수 없지만, 불로장생의 욕구는 예나 지금이나 변함이 없다. 미국의 억만장자 브라이언 존슨은 노화를 늦추기 위해 10대 아들의 피를 장기간 수혈받고 있다. 그리고, 자기 피를 이용하여 70대 아버지 피를 교체하여 젊어지게 했다고 주장한다.

노화는 세포 분열 횟수와 속도가 줄어드는 것으로, 어릴 때는 놀이터에서 놀다가 다치는 경우가 많아도 상처 없이 금방 회복되지만, 어른이 되면 세포 분열이 줄어들어 상처 회복 속도가 느려진다. 세포 분열 과정에서 염색체의 DNA가 복제되는데, 염색체 끝부분은 복제가 미흡하게 진행되는 특성이 있다. 따라서 세포 분열을 반복하는 동안 염색체 길이가 줄어들어 DNA 복제가 어렵게 되면, 세포가 분열을 멈추고 소멸한다.

반면, 바닷가재는 150년을 사는 동안 염색체 끝까지 DNA 복제가 완벽하게 수행되어, 세포가 죽지 않고 계속 분열할 수 있다. 껍데기를 벗는 탈피 과정에서 많은 에너지를 소실하여 영생할 수는 없지만, 세포는 늙지 않고 살 수 있다. 쥐를 대상으로 한 실험에서는 어린 쥐의 피를 수혈받은 늙은 쥐의 수명이 증가하거나, 어린 쥐의 대변에서 분리한 미생물을 먹은 늙은 쥐의 건강이 좋아지는 효과가 나타났다.

기술이 발전하더라도 불로장생이나 노화의 중지는 불가능하지만, 노화 속도를 늦추는 것은 가능할 것이다. 지속적인 의학의 발달로 뇌의 활동과 근력이 유지된다면, 미래에는 70세까지 장년으로 여겨질 것이다. 하지만, 노화의 지연 혜택은 극소수에게만 돌아갈 공산이 크다. 피를 교체하는 회춘 프로젝트에는 연간 수십억 원이 들고, 효과를 유지하려면 수십 년 동안 수백억 원이 필요하기 때문이다. 미래에는 빈부격차가 아닌 젊은 노인과 늙은 노인의 격차를 피할 수 없게 된다.

자본주의의 냉혹한 현실이 불편하게 느껴지는가? 그렇다면, 세상에서 가장 비싼 약은 얼마라고 생각하는가? 개발에 큰 비용이 소요되었으니, 차 한 대 값은 넘지 않겠느냐고 추측했을 테지만, 놀라지 마시라. 무려 45억 원이다. 호주 제약사가 개발한 헴제닉스는 선천적으로 피가 멎지 않는 혈우병 환자의 유전자를 변형한 약으로, 약을 한번 먹으면 완치가 가능하다.

이러한 혁신적 치료제는 결함이 있는 DNA를 잘라내는 유전자 가위 기술 덕분이다. 유전자 가위는 질병 치료, 품종 개량, 멸종 동물 복원 등 신의 창조 능력에 버금가는 기술로, 활발한 연구 덕분에 노벨상 수상자가 많이 배출되고 있는 분야다.

드라마 '응답하라 1988'에는 바나나 하나를 가족이 나눠 먹는 장면이 나온다. 1990년대 해외 과일의 수입제한이 풀린 후, 바나나는 한 송이 3천 원 정도인 너무 흔하고 싼 과일이 되었다. 하지만, 1980년대까지 바나나 한 개가 3천 원 정도였는데, 당시 짜장면이 5백 원 수준이니, 바나나가 얼마나 비싸고 귀한 과일인지 짐작할 수 있다.

지금도 많은 사람이 그 시절 먹던 바나나는 너무 달콤한 것으로 기억하고 있는데, 이것은 단지 비싸서 자주 먹어보지 못해서 생긴 환상이 아니다. 당시 바나나는 그로미셸 품종으로서 지금 바나나보다 크고 당도가 높았다. 하지만, 바나나 전염병이 퍼지며 멸종되자, 당도는 낮지만, 병충해에 강하고 재배가 쉬운 캐번디시 품종으로 모두 바뀌게 되었다. 그깟 바나나쯤이야 없으면 딴 걸 먹으면 되겠다고 생각할 수 있지만, 쌀, 밀처럼 우리가 먹는 모든 농산물이 멸종될 수 있다면 심각한 문제다.

유전자 가위는 선천적 질병, 기형아를 예방할 수 있는 꿈의 기술임은 분명하다. 하지만, 안전성이 검증되지 않은 게 치명적인 약점이다. 유전자를 잘라내고 붙이는 과정에서 DNA가 손상을 입게 되면 부작용을 일으킬 수 있다. 치료 과정에서 새로운 질병을 유발하거나, 신체기능에 오작동을 일으켜 사망에 이를 수도 있다.

또한, 질병 치료라는 의도와는 달리, 우월 인종과 열등 인종을 구분하는 도구로 악용될 수 있다. 우월한 게르만 민족과 열등한 유대인이라는 나치 독일의 잘못된 생각이 인종 말살과 세계 대전이라는 끔찍한 결과로 이어졌음을 잊지 말아야 한다.

불완전한 기술에도 불구하고, 유전자 가위를 활용한 불법행위가 지속되는 상황이 우려스럽다. 중국 의사는 유전자 가위를 인간에게 최초로 적용하여, 부모의 에이즈 유전자를 제거하여 출산시킨 불법 의료행위로 3년간 복역했지만, 출소 후 지금도 연구를 계속하고 있다. 인간이 가진 수만 개의 유전자 중에서 편집 과정에서 오차가 발생하여 다른 유전자에 영향을 끼친다면, 어떤 부작용이 생길지 알지 못한다. 그래서 에이즈라는 질병을 예방하는 것은 바람직하나, 배아세포에 이를 시술하는 것이 어떤 치명적인 부작용을 낳을지 알 수 없기에 무모한 행위는 금지되어야 한다.

또한, 기술의 파급력 덕분에 회사, 연구소, 대학 간에 특허 소유권을 둘러싼 소송이 십년 가까이 계속되는 것도 문제다. 사용료를 지불하고, 신약 개발에 성공하더라도 특허가 무효화되면 다른 기관과 특허 사용을 다시 협의해야 한다. 유전자를 깔끔하게 편집하는 기술을 연구하면서, 정작 기술을 둘러싼 특허 소송, 윤리성, 안전성은 지저분하고 복잡하게 얽혀있는 상황이다.

2024년 동해 석유 매장 뉴스로 나라가 떠들썩했다. 연구기관의 신뢰성, 매장량의 경제성을 두고 의견이 분분한데, 이런 논란을 한방에 잠재울 수 있는 것이 지도다. 만약, 정확한 해저지도를 보유하여 바다의 수심이 몇 미터이고, 어떤 암석으로 구성되어 있으며, 매장량이 얼마인지 표기된 정확한 지도가 있다면 싸울 이유가 없다.

과거부터 정확한 지도는 지형지물을 이용해 전쟁에 승리하고,

신대륙을 발견하여 새로운 무역 항로를 개척하는 데 있어 일등 공신이었다. 최근에는 내비게이션을 통해 교통체계의 효율성을 개선하고, 자율주행에 없어서는 안 될 필수품이다.

물리적인 지도만 중요한 게 아니다. 앞서 살펴본 게놈 프로젝트를 통해 인간 유전자 구성을 알게 되면서 질병 치료의 새로운 장을 열 수 있었다. 여름철 흔히 발생하는 초파리는 하찮은 해충에 불과하지만, 구조가 간단하여 뇌 연구에 있어 소중한 존재인데 2023년 드디어 초파리 뇌지도가 완성된다. 곤충은 먹이를 찾고, 포획하는 과정에서 다수의 의사결정과 판단이 필요하므로 인간의 뇌 활동을 이해하는데 유용하다. 하지만, 기계 회로처럼 뇌에 연결된 3천 개 뉴런의 구조와 연결 관계를 파악하기가 어려워, 십년이 넘게 걸린 대형 프로젝트였다.

이전에는 감각, 행동에 반응하는 뇌 일부분을 분석한 적은 있지만, 뇌 전체 지도를 완성한 것은 처음이다. 초파리 뇌지도를 바탕으로 인공지능의 추론을 더 하면, 인간 두뇌 지도를 만드는 것도 불가능하지 않다. 인간 뇌지도가 완성되면, 감정, 생각, 판단 과정을 알게 되고, 인간이 슈퍼컴퓨터로 업그레이드될 수 있어, 지금의 인공지능 돌풍은 비견할 수 없을 만큼의 변혁이 발생할 것이다.

문제는 시간이다. 3천 개의 초파리 뉴런 대비 인간 뉴런은 1천억 개가 넘지만, 파악이 불가능한 것은 아니다. 곤충, 사람, 인공지능 할 것 없이, 정보가 입력되면 신경세포를 통해 두뇌로 신호가 전달된다. 이를 바탕으로 뇌세포가 계산과 판단을 하고, 신경세포를 통해 행동을 실행하는 일련의 과정이 모두 동일하기 때문이다.

예를 들어, 쥐가 동영상을 보는 동안 뇌 활동을 체크한 후, 쥐 뇌의 변화를 인공지능에 동영상으로 제작하도록 학습시켰다. 그 후 쥐가 다른 동영상을 보는 동안 뇌 활동을 인공지능에 입력하자, 인공지능은 쥐가 시청한 동영상과 유사한 것을 제작했다. 즉, 뇌의 신호만으로 입력값으로 결과를 출력하거나, 결괏값으로 입력 데이터를 추론하는 것이 가능함을 입증한 것이다.

그 후 원숭이가 생각만으로 로봇팔을 움직여서 물건을 집고, 전신마비 환자가 뇌파를 이용하여 체스 게임을 두는 놀라운 실험 결과가 잇달아 보고된다. 미래에는 SF 영화에서 보듯이 다른 사람의 머릿속을 읽거나, 텔레파시로 소통하는 것이 가능해질지도 모른다.

02 한계

덴마크 제약회사인 노보노디스크는 비만약으로 기업가치가 600조를 넘으며 유럽 주식시장 1위에 등극한다. 일부 비만인을 대상으로 한 약이 이 정도인데, 모든 인류에게 해당하는 노화 약을 개발한다면 그야말로 부르는 게 값이 될 것이다. 하지만, 막대한 보상에도 불구하고, 노화, 유전자 치료, 뇌 활동 치료제 개발까지 최소 20년 이상 걸릴 전망이다.

가장 큰 이유는 윤리성이다. 로켓을 만들고, 자율주행차를 만드는 기술은 많은 테스트를 통해 기술적 완성도를 높일 수 있다. 개발 과정에서 잘못되더라도 폐기하고 다시 만들 수도 있다. 반면, 바이오 기술은 무작정 테스트할 수가 없다. 비록 실험용 동물이라 하더라도, 생체실험을 자행하고 잘못된 실험 때문에 무분별하게 살육할 수 없다. 실험용 동물은 번식부터 유통까지 과정이 통제되어, 야생에서 생포하거나 불법으로 매매하는 행위가 금지된다. 미국은 2035년부터 동물실험을 전면 금지하고, 유럽도 대체 시험 방법을 논의 중이다.

안전성도 문제다. 게놈 프로젝트를 통해 인간 유전자 서열 구성을 밝혀냈고, 서열이 잘못되면 질병에 걸리게 됨을 알게 되었다. 하지만, 유전자의 화학 작용을 모두 밝혀내려면 앞으로도 수십 년이 걸릴 것이다. 왜냐하면 유전자를 완전히 해체하여 퍼즐을 맞추듯 하나씩 조립하며 기능을 검증해야 하는데, 인간을 대상으로 다양한 실험을 할 수 없기 때문이다.

만약, 유전질환으로 인한 당뇨병 환자가 질병을 대물림하지 않기 위해 당뇨 유전자를 제거한 자녀를 출산하였다고 가정하자.

그런데, 유전자 변형 후에 심장기형을 일으키는 유전자를 갖게 되었다면 어떻게 하겠는가? 자녀를 죽게 해 기형 유전자의 확산을 막는 게 옳은지, 유전자를 원래대로 복원하여 당뇨병이 계속 발병하게 만드는 게 옳은지 결정하기 힘들다.

또 다른 경우로서, 유전자 조작이 질병 치료가 아닌 인간의 우월성을 가르는 수단으로 활용된다면 어떻게 하겠는가? 최근 성전환 선수가 여성 스포츠에 참가하면서 많은 논란을 일으키고 있다. 생물학적으로 성전환했다고 하나, 신체 특징과 힘은 여전히 압도적이다 보니 상대 선수를 손쉽게 제압하여 승리하는 것을 정당한 결과로 수용할 수 있겠는가? 노력과 연습으로 능력을 향상한 게 아니라, 유전자 조작으로 신체 능력을 업그레이드한 사람이 나타난다면 공정한 경쟁으로 받아들일 수 있겠는가?

시간이 가면 유전자나 뇌지도를 만들어 각 부분의 특성과 역할, 질병 유발 원인을 밝혀낼 수 있을 것이다. 이를 바탕으로 각자의 특성에 맞는 맞춤형 치료제를 만들거나, 건강한 유전자로 교체하여 질병을 예방할 수도 있을 것이다. 하지만, 윤리성, 안전성, 공정성에 대한 우려를 잠재우기에는 십년은 턱없이 짧고 부족한 기간임을 유의해야 한다.

뭐든지 만들어내는 요술램프 : 3D프린팅

01 역사

건물을 짓는 과정은 땅을 파서 철근으로 건물의 뼈대를 만들고, 목재로 거푸집 형틀을 만들어 둘러싼 뒤, 콘크리트를 부어 벽과 기둥을 만드는 것을 반복하는 작업이다. 그러다 보니 기계 장비 운전기사, 철근공, 목수 같은 많은 기술자가 필요한 대표적인 인력 집약 산업이다. 게다가 각 단계가 순서대로 진행되다 보니, 앞 단계에서 사고가 발생하면 공사 기간이 지연되는 문제를 피할 수 없다.

하지만, 3D프린팅이 도입되면서 건축환경이 변화하고 있다. 고층 건물이 즐비한 아시아와는 달리, 미국이나 유럽은 주택이나 저층 건물을 선호한다. 땅이 넓기도 하고 개인의 사생활을 중시하여 단독건물을 선호하는데, 대형 3D프린팅이 등장하면서 건축에 새바람을 일으키고 있다.

3D프린팅의 가장 큰 특징은 벽과 기둥을 만들기 위해 뼈대-거푸집-콘크리트로 이어지는 단계를 거치지 않고, 치약을 짜듯이 바로 만든다는 것이다. 사람의 개입이 최소화되고 기계가 건축을 담당하니, 균일한 품질로 시공할 수 있고, 건설 현장의 고질적인 문제인 사고 위험도 적다. 많은 기술자 대신 프린팅 기술자만 있으면 되니 건설 기간과 비용도 절감된다. 열악한 환경에서 거주 중인 빈민자, 산사태·산불 같은 자연재해로 집을 잃은 피해자에게 저렴한 비용으로 대규모 주거시설을 단시간에 제공할 수 있는 꿈의 기술이다.

3D프린팅은 건축뿐 아니라, 우주개발에도 활발히 사용된다. 그동안은 시멘트, 플라스틱같이 다루기 쉬운 원료로 한정되었으나, 이제는 금속 재질을 활용하여 복잡한 모양을 만드는 것이 가능해졌다. 로켓엔진은 연료를 정밀하게 분사하고, 고온고압을 견뎌야 해서 정밀성과 내구성이 모두 중요한 고도의 기술집약 분야다. 현재 대부분의 로켓 제조회사가 3D프린터를 활용하여 엔진을 만들고 있는 것만 봐도 성능 검증은 완료됐다.

앞으로는 우주정거장 수리, 달 탐사 기지 건설 등으로 3D프린터 사용처가 확대될 것으로 전망한다. 우주정거장에 필요한 부품이 고장이 날 때마다, 우주선을 통해 부품을 배송하는 것은 적시성이 떨어지고 막대한 운송비용이 소요된다. 달 기지 건설에 필요한 모든 재료를 지구에서 운반한다면 천문학적인 비용이 발생한다. 결국, 우주에 3D프린터를 설치하여 필요한 제품을 만들어 사용하는 것이 해결책이다. 우주정거장에서 알루미늄으로 우주선 부품을 만들고, 달에서 얼음과 월면토를 섞어 3D프린터에 넣어 기지를 건설하는 방식이다.

이런 요술램프와 같은 일이 실제로 벌어졌는데, 2024년 유럽은 우주정거장에 3D프린터를 설치했다. 1천도 이상의 고열로 금속을 녹이기 위한 고출력 레이저, 고열이 외부로 유출되지 않는 밀폐구조, 좁은 우주정거장에 맞는 크기를 고려한 후, 라면상자만 한 3D프린터를 제작하여 우주에서 스테인리스 막대를 만드는 데 성공한다. 미국 나사가 개최한 3D프린팅 우주기지 대회에 다양한 기지 건설 아이디어도 출품되고 있으니, 우주에서의 3D프린팅이 더 이상 공상과학에나 나올 허무맹랑한 얘기는 아니다.

의료분야도 3D프린팅이 활발하게 사용되는 분야다. 의수, 의족은 사람마다 크기, 모양이 달라 공장에서 대량 생산이 불가하다. 하지만, 3D프린팅은 필요한 부위를 스캔하여, 환자 맞춤형 제작이 가능하고, 도면을 그대로 출력하는 방식이라 제작 시기와 비용이 극도로 절감된다. 팔, 다리 골절 부위를 감싸는 석고 보호대는 무겁고 활동이 불편한데, 3D프린팅을 활용하면, 인체의 굴곡에 맞춰 가볍고 튼튼한 보호대를 만들 수 있다.

향후에는 단순 의료기기를 넘어, 인공심장, 인공 폐와 같은 장기로 사용처가 확대될 것으로 예상된다. 질병이나 사고로 인한 중증 환자의 경우, 뇌사자의 장기를 이식하는 것이 유일한 대안이나 장기 기증자가 턱없이 부족하다. 인공장기를 이식하면 장기 이식을 기다리다 사망하는 수많은 환자의 생명을 살릴 수 있다.

인공장기에 관한 관심이 증가하면서 최근에는 인간의 세포를 재료로 한 3D프린팅 연구도 활발히 전개되고 있다. 환자의 세포로 뼈, 연골, 피부를 제작하면 면역 거부 반응이나, 흉터가 없다. 게다가, 골다공증, 관절염으로 고생하던 환자에게는 보철 기능을 넘어, 정상인과 다름없는 회복이 가능한 꿈의 치료 기술이 될 것이다.

02 한계

3D프린팅은 벽돌을 쌓듯이 제조하다 보니, 재료가 균질하게 도포되지 않아 표면이 거친 경우가 많다. 또한 쌓아 올린 각 층이 마디를 구성하다 보니, 층간에 균열이 생기거나 내구성이 약해지는 문제가 발생한다. 반면, 기존의 제품 제작은 모형 틀에 원료를 부어 찍어내는 방식이라서, 짧은 시간에 균일한 품질의 제품 생

산이 가능하다.

　원료의 제약도 치명적이다. 기존 방식은 모래, 유리, 플라스틱, 금속처럼 원료 종류가 무한하고, 재료 형태도 제한이 없어 가루, 고체, 액체도 모두 사용할 수 있다. 반면, 인공장기에 활용되기 위해서는 인체에 무해하고, 부작용이 없음을 증명해야 하는데, 아직은 오랫동안 인체를 대상으로 실험을 한 사례가 없다. 맞춤형 제작이 가능하다는 것은, 고객의 특성에 맞추어 사용이 편리한 제품을 만든다는 장점이 있다. 하지만, 맞춤형 양복이 기성 양복보다 비싼 것처럼 고객 맞춤형 제작으로 인해 가격이 높아질 수밖에 없다.

　따라서, 대량 생산이 가능한 제품, 강한 내구성과 안전성이 요구되는 제품은 기존 방식으로 제작하는 것이 유리하므로, 3D프린팅으로 수요 전환이 더디게 진행될 수밖에 없다. 간단한 계란 후라이를 하기 위해 최신식 요리 기구를 꺼내 들 필요가 없는 것처럼 말이다. 결국, 3D프린팅에 사용되는 원료와 적층형 제조 기술의 완성도가 기존 제조 방식 수준에 도달해야 한다. 그러나, 기존 제조 방식도 계속 진화하고 있으므로, 3D프린팅 기술이 따라잡기까지 상당한 기간이 걸릴 수밖에 없다.

울트라 슈퍼컴퓨터 : 양자컴퓨터

01 역사

양자역학은 원자, 분자처럼 눈에 보이지 않는 미시 세계를 연구하는 것으로, 일상생활에 사용하는 컴퓨터, 스마트폰 등에 양자역학의 원리가 활용된다. 하지만, 우리가 알고 있는 과학 이론과 위배되거나, 직관적인 이해가 불가하여 노벨상을 받은 리처드 파인먼마저도 세상에 양자역학을 이해한 사람은 아무도 없다는 말을 남길 정도로 미지의 영역이다.

불교를 믿지 않더라도 '색즉시공 공즉시색色卽是空 空卽是色'은 누구나 들어봤을 것이다. 여기서 '색'은 형체가 있는 것을 뜻하고, '공'은 비어 있다는 의미가 아니라, 겉으로 보면 있지만 생성됐다

소멸하여 항상 존재하는 것은 아니라는 뜻이다. 즉, 눈앞에 있다고 항상 있는 것은 아니며 언제든 소멸하는 허상일 수도 있으니, 보이는 것이 다가 아니라는 뜻이다.

세상의 모든 물체, 동물, 식물은 분자로 이루어져 있고, 끊임없이 움직인다. 지금 앉아 있는 의자와 책상을 구성하는 원자와 전자는 지금도 계속 움직이고 있으나, 너무 작아서 움직임을 볼 수 없을 뿐이다. 양자역학의 대표적인 두 가지 현상은 직관으로는 이해하기 어려워, 세기의 천재인 아인슈타인마저 믿기를 거부했으니, 아래 내용이 이해되지 않아도 좌절할 필요는 없다.

우선, 빛은 입자이자 파동이라는 것이다. 전등이나 태양과 같은 빛이 알갱이 같은 입자라면 직진하다가 부딪치면 튕겨 나올 것이고, 물결 같은 파동이라면 움직임이 서로 겹칠 것이다. 과학자들은 이러한 가설을 세우고, 실험에 착수한다.

첫 번째 실험은 두 개의 구멍이 뚫린 가림막에 빛을 통과시켰더니, 벽에 다양한 물결무늬가 생기는 것으로 보아 빛은 파동임을 확인한다. 두 번째 실험에서 빛의 광자 한 개씩을 나눠서 통과시켰더니, 두 개의 줄무늬가 아닌 다양한 물결무늬가 생겼다. 전자가 한 개이니 왼쪽 구멍 또는 오른쪽 구멍 중 하나만 통과해야 한다. 하지만, 물결무늬가 생겼다는 것은 양쪽을 모두 통과해야만 가능하므로, 왜 이러한 현상이 생겼는지 이해할 수 없다. 세 번째 실험에서 구멍을 통과하는 빛을 관찰했더니, 한 개의 줄무

뇌만 생겨서 입자의 특성이 나타났다.

　요약하면, 빛은 보지 않고 있을 때는 파동이고, 보고 있을 때는 입자라는 것인데, 빛이 변신이라도 하는 걸까? 마치, 눈을 가리고 있는 동안에는 얼음과 물 두 개가 있었는데, 눈을 뜨는 순간 얼음만 있다면, 이 현상을 이해할 수 있겠는가? 결국, 관찰 전에는 여러 확률이 있으나, 관찰 후에는 한 개로 확정된다는 것이 양자역학의 핵심이다. 여기서 두 가지 의문이 들 것이다. 도대체 관찰은 무엇이고, 관찰을 통해 어떻게 불확정이 확정으로 바뀌느냐이다.

　우선, 관찰이 무엇인지는 그 누구도 정확히 알지 못한다. 관측장비를 설치하는 것인지, 사람이 보는 것인지, 사람이 보고 현상을 인지한 것인지 등을 알 수 없지만, 한쪽의 양자를 관찰하면 수천 킬로 떨어진 다른 쪽의 양자도 확정되는 것은 실험으로 증명됐다. 이유는 알지 못하지만, 양자가 서로 얽혀있기 때문으로 추정하는데, 이것이 양자역학의 두 번째 이해 불가 현상인 양자의 중첩이다.

　우리가 사는 세상은 원인에 따라 결과가 존재하는 결정론의 세계인 반면, 미시 세계는 미확정인 상태에서 관찰하면 정해지는 확률론의 세상이라는 원칙을 받아들여야 한다. 슈뢰딩거는 아인슈타인과의 논쟁에서 양자 중첩을 설명하기 위해 슈뢰딩거의 고양이라는 생각 실험을 제시한다. 상자에 고양이가 갇혀있고, 독약이 든 병이 상자의 뚜껑과 연결되어 있어서, 뚜껑을 열면 독약 병이 깨지게 되어 있다면, 현재 고양이는 어떤 상태일까?

현실 세계에서는 고양이가 살아 있거나 죽은 둘 중 하나의 상태다. 하지만, 미시 세계에서는 고양이는 삶과 죽음이 중첩된 상태에서, 뚜껑을 열어 관찰하는 순간에 비로소 삶 또는 죽음으로 확정된다. 이 무슨 해괴한 논리인가 싶겠지만, 양자는 중첩되고 서로 얽혀있어서 한 곳에서 전자를 관찰하면 수천 킬로 떨어진 다른 곳의 전자가 결정된다는 것은 과학실험과 노벨상 수상을 통해 증명된 사실이다.

우리가 사용하는 반도체가 들어간 수많은 전자제품에 이러한 양자역학 현상이 이미 적용되어 있다. 구석기 시대 사람 중에 불이 타는 화학적 원리를 아는 사람은 아무도 없었을 것이다. 그런데도, 불을 이용하여 어둠을 밝히고, 음식을 조리하는 데 아무런 문제가 없었다. 현재의 우리도 양자역학의 원리와 이유는 알 수 없지만, 그 현상을 활용한 다양한 전자제품을 만들고 사용하는 데 아무런 문제가 없는 것처럼 말이다.

0과 1만 사용하는 기존 컴퓨터에 비해, 양자 컴퓨터는 0이면서 1인 것을 사용할 수 있어, 기존 컴퓨터로 수만 년 걸리던 계산을 수 분 만에 처리하는 것이 가능하다. 이러한 기하급수적인 계산능력 때문에 전 세계가 양자컴퓨터 개발에 전념하고 있다.

현대의 금융거래와 비밀번호는 소인수분해를 바탕으로 설계되어 있다. 사용자가 비밀번호를 입력하고 금융기관이 비밀번호를 입력하면, 두 개의 비밀번호가 곱해져서 전송되는데 전송 값을 해킹하더라도 각각의 비밀번호를 역산하여 추정하는 게 불가능하다. 예를 들어 금융기관의 비밀번호가 1234567이고, 개인의 비밀번호가 54321인 경우, 인터넷에서는 두 개를 곱한 67,062,914,007이 전송된다. 해커가 운 좋게 이 값을 가로채더라도, 비밀번호를 알기 위해서는 약 670억 번의 소인수분해를 반복 계산해야 하므로, 사실상 불가능한 것이다.

반면, 양자컴퓨터는 양자의 중첩을 이용하므로 1회씩 반복 계산할 필요가 없다. 마치, 손오공의 분신술처럼 동시에 모든 경우의 수를 계산할 수 있으므로, 현재의 암호 체계가 무력화되는 것이다. 모든 방패를 뚫을 수 있는 창과 모든 창을 막아낼 수 있는 방패를 나타내는 모순처럼 암호를 설계하는 자와 해커가 모두 양자컴퓨터를 사용한다면 창과 방패 중 누가 이길지 자못 궁금해진다.

양자컴퓨터가 본격화되면 의료에서도 혁신이 예상된다. 인간은 수십만 킬로 떨어진 우주의 행성을 탐사하고, 수천 킬로미터의 심해도 탐사하지만, 정작 주먹만 한 인간의 뇌에 대해서는 아는 게 거의 없다. 감각, 운동, 언어, 판단, 기억을 하는 뇌의 영역이 다르다는 사실과 기능적·구조적 특성에 따라 뇌 영역을 구분한 뇌지도를 만들었을 뿐이다.

하지만, 뇌의 기능을 알기 위해서는 수천억 개의 뉴런이 어떻게 연결되고, 상호작용을 하는지를 알아야 한다. 양자컴퓨터를 통해 상세한 뇌지도를 작성할 수 있다면, 치매와 같은 뇌 질환을 예방할 뿐 아니라, 감각, 운동, 언어같이 특정 분야의 기능을 향상해 초 지능형 인간으로 업그레이드할 수 있다.

인간의 뇌는 몸무게의 2%에 불과하지만, 신체 에너지의 20%를 사용하는 기관이다. 눈코입 같은 감각기관을 통해 쏟아져 들어오는 정보를 실시간으로 분석하고, 머리부터 발끝까지 근육 움직임을 통제한다. 한마디로 슈퍼컴퓨터와 로봇이 결합한 최첨단 장비다. 하지만, 뇌에 대해 알고 있는 것은 극히 일부분일 뿐이다. 뇌파를 측정하고, 수천억 개의 뉴런 세포로 연결하는 과정을 조사하기 위해서는 무한에 가까운 계산을 수행해야 하기 때문이다.

양자컴퓨터는 불가능하다고 여겨졌던 무한한 계산을 수행하는 기계이므로, 뇌를 연결하는 수많은 뉴런과 세포를 추적하여 뇌지도를 만들 수 있다. 지구상에 존재하지 않던 새로운 단백질을 합성하여 불치병 신약을 개발할 수도 있다. 태풍, 지진 같은 자연재해의 발생과 이동 경로도 계산할 수 있다.

미국은 컴퓨터 제조의 최강자인 IBM부터 소프트웨어 최강자인 구글에 이르기까지 민간기업을 중심으로 양자컴퓨터를 개발하고 있다. 중국은 대학과 국가연구소를 중심으로, 집중적으로 개발하고 있는데, 북경과 상해까지 수천 킬로미터 구간에 양자

통신 인프라를 구축하고, 인공위성과 양자암호 네트워크도 구축했다. 불가능하다고 여겼던 수많은 난제가 양자컴퓨터의 최적해 찾기를 통해 돌파구를 마련할 수 있기를 기대한다.

02 한계

아쉽게도, 양자컴퓨터가 기존 컴퓨터를 대체하기까지는 기술적 한계로 인해 수십 년의 시간이 필요할 것으로 보인다. 가장 대표적인 문제는 양자 중첩을 구현하는 것이다. 양자는 물질을 더 이상 쪼갤 수 없는 최소 단위이므로 크기가 작고, 끊임없이 움직인다. 그러다 보니, 양자를 중첩하기 위해 영하 273도의 절대온도까지 낮추거나, 고주파나 레이저를 사용하여 전자를 가두는 방식을 사용한다. 하지만, 극저온 상태를 장기간 유지하는 것이 쉽지 않고, 전자를 오랫동안 가둬둘 수 없는 한계가 있다.

　더 큰 문제는 한 개의 양자는 잠깐 정지 상태로 유지할 수 있지만, 양자가 많아지면 안정적인 상태가 쉽게 무너진다는 점이다. 양자컴퓨터가 슈퍼컴퓨터의 성능을 능가하기 위해서는 중첩된 상태의 양자가 수천 개 필요하다. 하지만, 양자가 움직이며 다른 양자나 외부환경과 상호작용을 하게 되면, 양자의 변화로 인해 양자 오류가 발생한다.

각각의 오류는 무시할 정도로 미미하더라도, 이를 중복해서 계산하면 정확성이 극도로 떨어진다. 예를 들어, 양자 정확성이 99%라고 하더라도, 백번의 계산을 반복하면 99%^100은 37%로 급감하고, 천 번의 계산을 하면 정확성이 0%에 수렴한다. 무한한 계산을 수행하는 양자컴퓨터가 양자 오류를 해결하지 못한다면 무용지물이나 다름이 없는데, 아직은 뚜렷한 해결책이 보이지 않는다.

무한한 전기 생산 : 에너지 발전

01 역사

인공지능, 빅데이터, 가상현실 등 미래 첨단 산업의 공통점은 대규모 전기가 필요하다는 것이다. 하지만, 환경 오염, 사고 위험으로 인해 원자력 발전이 축소되고, 태양광, 풍력 발전으로 전환되는 추세다. 친환경 측면에서는 그린 에너지가 바람직하지만, 전력 생산 규모는 기존 발전소에 비해 열위이다 보니, 이대로 가다가는 전력부족 사태에 직면할 수밖에 없다.

기존의 원자력 발전과 친환경 발전의 대안으로 거론되는 것이 SMR로 불리는 소형 원전이다. 소형 원전의 가장 큰 특징은 물 대신 나트륨을 냉각재로 사용하는데, 끓는 점이 800도가 넘어 폭발 위험이 적어 안전성이 높다. 모듈을 조립하는 방식이라서 건설비용이 저렴하고, 여러 개를 이어 붙이면 대규모 전기 생산도 가능하다.

소형 원전 개발에 가장 적극적인 곳은 미국이다. 미국은 원자력 발전의 강자였으나, 환경 오염, 위험성으로 개발을 등한시하면서 주도권이 한국을 비롯한 아시아로 넘어갔다. 반도체도 종주국이었던 미국은 고부가가치의 설계 기능만 남기고, 생산은 삼성전자를 비롯한 아시아에 위탁하는 방식으로 인해 주도권을 잃었다. 인공지능, 빅데이터, 로봇 같은 첨단 산업에서는 반도체 설계와 제조가 한 몸처럼 움직일 필요성을 절감하여, 반도체 생산공장을 미국에 짓도록 유도하고 있지만 패권을 되찾기에는 역부족이다.

뼈아픈 기억이 있는 미국이 소형 원전에서 같은 실수를 되풀이하지는 않을 것이다. 인공지능, 데이터센터 등으로 미국의 전기 사용량이 폭발적으로 증가하는 상황에 대응하기 위해서는 소형 원전을 짓기 위한 설계와 제조 능력을 모두 갖추고 있어야 한다. 그래서, 빌 게이츠를 비롯한 많은 기업가가 소형 원전에 적극적으로 투자하고 있다.

다른 대안은 인공 태양으로 불리는 핵융합 발전이다. 현재의 핵 분리 원자력 발전과는 반대로, 핵융합은 삼중수소와 리튬이 합쳐지는 과정에서 발생하는 에너지로 전기를 생산한다. 원자력 발전은 수많은 핵폐기물을 양산하고 수백 년간 방사선이 지속되는 데 반해, 핵융합은 폐기물이 원천적으로 발생하지 않는다. 연료 주입을 멈추는 즉시 핵융합이 중지되어 사고 위험도 없다.

문제는 핵융합에 필요한 리튬은 배터리 재료로 쓰일 만큼 풍부하지만, 삼중수소는 지구에 거의 존재하지 않는다. 바닷물에서 중수소를 추출하여 삼중수소를 대신해 사용할 수 있으나, 가공비가 많이 들어 배보다 배꼽이 크다.

해답은 달에 있다. 달에는 막대한 규모의 헬륨3이 존재하는데, 태양에서 만들어진 헬륨3이 태양풍을 타고 달 표면에 계속 쌓이기 때문이다. 미국과 중국이 달 탐사를 위해 경쟁하는 것은 냉전 시대처럼 자존심 싸움이 아닌, 희토류, 헬륨3과 같은 고급 원자재를 차지하기 위해서다. 즉, 달을 차지하면 향후 수백 년간 에너지 패권국이 되는 것이다.

한편, 우주 태양광 연구도 시작되고 있다. 현재의 태양광 발전은 흐리거나, 비가 오는 날에는 전기 생산이 불가한 단점이 있다. 만약, 태양광 패널이 우주에 있다면 1년 365일 낮과 밤 쉬지 않고 발전할 수 있다. 대기권과 같은 방해물이 없으니, 발전효율이 지구에서보다 10배나 높다.

그런데, 우주에서 생산한 전기를 지구까지 송전탑을 설치하여 보낼 수는 없다. 잠깐! 앞서 양자역학에서 빛은 입자이자 파동이라고 했으니, 빛에서 생성한 전기를 파동으로 보내면 되지 않을까? 2023년 캘리포니아공대는 인공위성에서 태양광 전기를 생산하고, 지구에 전파를 발사한 후, 전파를 다시 전기로 바꾸는 실험에 성공하면서 가능성을 입증했다. 물론 소형 태양광 패널을 사용하고, 지상에는 전파를 수신하기 위한 대형 안테나를 사용하다 보니 비용이 많이 들어 현재로서는 경제성이 없다. 하지만, 우주에서 생산한 전기를 대기 저항으로 인한 손실 없이, 전파형태로 지구에 전송했다는 점에서 의의가 크다.

중국은 우주정거장 텐궁을 활용하여 더 적극적인 실험에 나서고 있다. 세계 최대 온실가스 배출국으로 불명예를 안고 있는 중국은 전기차 확대에 따른 전력난과 우주 기술력 과시 욕구가 맞아떨어져 우주 태양광 발전도 달 탐사만큼 중요한 프로젝트로 추진하는 등 에너지를 얻기 위한 세계 각국의 경쟁은 현재 진행형이다.

02 한계

핵융합 발전을 위해서는 고온고압 상태를 만들어야 한다. 지구에서는 태양처럼 높은 밀도로 고압을 만들 수 없으니, 온도를 1억 도 이상 높이는 방법으로 핵융합 반응을 일으킨다. 온도가 상승하면 물질은 고체→액체→기체 상태를 넘어 제4의 물질 상태인 플라즈마로 변한다. 플라즈마 상태는 기체처럼 눈에 보이지 않으나, 고온에서 전자가 자유롭게 이동하는 상태로서 형광등 내부를 떠올리면 이해하기 쉽다. 이렇게 고온이다 보니 플라즈마를 담을 수 있는 도구가 없어, 초전도 자석으로 자기장을 만들어 플라즈마를 공중에 떠 있게 만든다.

현재의 기술 단계는 1억 도가 넘는 플라즈마를 수 분 동안 공중에 가둬놓는 데 성공한 단계다. 앞서 살펴본 양자 중첩처럼 단기간은 가둬놓을 수 있지만, 오랜 기간 고온 상태를 안정적으로 유지하는 것은 현재 기술로 불가능하다. 초고온 상태의 플라즈마에서는 복잡한 난류 현상이 발생하는데, 이를 제어할 방법이 없기 때문이다. 전력발전은 24시간 꺼지지 않고 안정적인 운영이 필수이므로, 상용화되기까지 오랜 시간이 필요할 것으로 전망한다.

우주 태양광은 비용이 가장 큰 걸림돌이다. 로켓 재사용 덕분에 발사 비용은 많이 감소하였지만, 의미 있는 수준의 전기를 생산하기 위해서는 초대형 태양광 패널이 필요하다. 초대형 태양광 패널을 우주에 보내기 위해서는 초대형 로켓과 지상에도 비슷한 크기의 전파 수신기가 필요하다. 우주에서 생산한 전기를 전파로 변환하고, 지상에서 전파를 다시 전기로 변환하는 과정에서 전력 손실이 발생한다.

게다가, 대용량 전파를 지구로 송신하는 것에 대한 안전성도 해결 과제다. 전자파는 스마트폰, 컴퓨터 같은 대부분의 전자제품에서 발생하는데, 전자파를 직접 발생시키는 전자레인지의 경우 사용 시 2미터 이상 떨어질 것을 권고할 정도다. 전자파는 세포막을 훼손하고, 호르몬, 면역계에 영향을 줄 수 있는 유해성 논란이 있기 때문이다. 전자레인지가 이 정도인데, 우주에서 초대형 전자파를 지구로 발송하면 유해성, 생태계 변화의 문제로 극심한 반대에 직면할 것은 불을 보듯 뻔하다. 결국, 경제성과 안전성이 확보되기 전까지 우주 태양광은 말 그대로 하늘에 있는 파이(pie in the sky)이자, 그림의 떡일 뿐이다.

4부

결말:
아무도 가지 않은 길

︙

눈길 걸어갈 때 함부로 걷지 마라.
내가 간 길이 뒷사람에게
길이 되리니….

미래로 안내하는
로드맵

로버트 프로스트의 가지 않은 길The road not taken이라는 시는 두 갈래 길 위에서 어느 길을 선택할지 망설이는 것으로 시작하여, '숲 속에 두 갈래 길이 있었고, 나는 사람이 덜 지나간 길을 택하여, 그로 인해 모든 것이 달라졌다.'로 끝난다. 성공했는지, 실패했는지 알 수 없는 열린 결말이지만, 생소한 길을 간 그의 선택을 지지한다. 영화나 게임 속 주인공도 남들과 다른 출생, 비범한 능력으로 인해 일반인과는 다른 굴곡진 삶을 살아간다. 장애물을 만나고, 길을 잃고 헤매며 구사일생의 위기를 겪지만, 모든 난관을 극복하고 행복의 진정한 가치를 깨닫게 된다.

    실패 가능성이 높은 하이테크 기업에 투자하는 것도 이와 같다. 첨단 기술개발에 성공할 수 있을지 모호하고, 혁신적인 제품을 만들 수 있을지 불투명하며, 시장에 제품을 출시하더라도 흥행할지 불확실하다. 기능은 뛰어나지만, 외관이 투박해서, 외관은 혁신적이지만 가격이 비싸서, 가격은 합리적이지만 콘텐츠가 부족해서 등의 이유로, 제품 상용화에 성공하고도 시대를 너무 앞서갔다는 평가를 받으며 사라진 기업도 많다. 퍼스트 무버first mover는 승자 독식 덕분에 막대한 수익을 창출할 수도 있지만, 선례가 없어 궤도를 이탈하기도 쉬우므로 진행 과정을 주의 깊게 살펴야 한다.

원의 한 바퀴는 360도다. 100이나 500처럼 딱 떨어지는 숫자를 사용하면 편할 텐데, 어중간한 숫자가 나온 데는 이유가 있다. 고대 사람은 해와 별의 위치 변화를 기준으로 1년을 360일로 계산했다. 천동설에서 태양이 지구를 한 바퀴 돌아 원위치에 오는 데 360일 걸리니, 원의 한 바퀴도 360도로 정한 것이다.

가까운 거리에서 1도를 이탈하는 것은 사소한 차이에 불과하지만, 먼 거리에서는 빗나간 1도 때문에 엄청난 오차가 생긴다. 그래서 정밀한 위치 측정이 필요한 분야에서는 360도를 세분화한 6,400밀을 사용하는데, 출발점에서 1밀 벗어나면 1킬로미터 떨어진 곳에서는 1미터만큼 오차가 생긴다. 대부분의 사람은 생활 반경이 수십 킬로미터에 불과하여 오차가 무의미하지만, 우주 탐사처럼 수백만 킬로미터를 이동할 때는 사소한 오차가 성공과 실패의 운명을 가른다.

파생금융상품으로 활발히 거래되는 옵션은 미래에 자산을 사거나 팔 수 있는 권리다. 예를 들어 지금 애플 주식은 100달러인데, 이달 말까지 애플 주식을 살 수 있는 콜옵션 가격이 110달러라면 주가 급등을 예상한 투자자는 매수에 나서지만, 가격이 고평가되었다고 생각하는 투자자는 매도한다.

MIT 수학자인 블랙과 경제학자인 숄즈는 실시간으로 변하는 옵션가격을 평가하는 방법을 고민하다가 로켓에서 힌트를 얻는다. 로켓은 지구 궤도를 벗어나기 위해 1초에 10킬로미터가 넘는 초고속으로 발사된다. 궤도를 정확하게 예측하기 위해 바람, 중력, 추진력 같은 다양한 변수를 실시간으로 계산해야 한다. 그렇다면 로켓의 추진력·바람·중력 대신에 주가·금리·만기를 대입하면 옵션가격 계산도 가능하리라는 생각에 이른다.

결국, 로켓 방정식을 활용하여 블랙 숄즈 옵션가격 이론을 만들어 노벨경제학상을 수상한다. 전통적인 금융 이론으로는 복잡한 경제 현상을 설명할 수 없어 한계에 직면했던 금융업에 새로운 시대가 열린 것이다. 나아가, 자연의 법칙을 설명하는 다양한 과학 원리에서 금융수학이 탄생하고, 금융시장을 분석하는 기법이 고도화된다.

로드맵은 목표에 도달하기 위한 단계와 계획을 나타내는 일정표다. 하이테크 기업이 제품을 시장에 출시하기까지는 기술개발-모형제작-제품 제조-대량생산의 과정을 거쳐야 한다. 기업은 단계별 달성 시기와 비용 등을 발표하는데, 계획을 이탈하지 않고 로드맵에 따라 올바르게 나아가고 있는지를 점검하는 것이 중요하다.

　로드맵을 일시적으로 벗어나더라도 다시 원래 계획으로 돌아오거나, 늦어진 개발 일정과 증가한 연구개발비를 해결할 수 있는 수정 로드맵이 제시되면 괜찮다. 하지만, 로드맵 이탈이 장기간 지속되거나, 반복적으로 발생한다면 투자 여부를 재검토해야 한다. 지금은 비록 1도가 벗어난 일부 손실이지만, 미래에는 전액 손실로 이어질 위험이 있기 때문이다.

현금 고갈은
사업 종료

:

세계 최대 전기차 회사는 중국의 BYD다. 전기차 제조회사 간의 기술 평준화로 중국 전기차가 약진하고, 보조금 축소에 따른 수요 감소로 인해 프론테라, 피스커와 같은 미국 전기차 회사의 파산이 급증하고 있다. 과거에는 얼마나 빨리 대량생산에 성공하느냐가 중요했지만, 지금은 수요가 둔화하면서 얼마나 판매하느냐가 중요해졌다. 판매를 촉진하기 위한 가격 인하 정책이 촉발되면서 자동차를 판매할수록 적자가 늘어나는 악순환이 나타나고 있다.

현금 고갈의 악조건에서 피스커와 루시드의 존폐를 가른 것은 투자금 추가 조달 여부다. 루시드의 최대 주주는 60%의 지분을 보유한 사우디아라비아의 연기금이다. 이미 많은 돈을 투자했기에 물타기를 위해서인지, 경쟁자가 모두 소멸하고 생존자가 시장을 과점할 때까지 버티기 위해서인지 속내를 알 수는 없다. 하지만, 1조 4천억 원의 자금을 추가로 지원받으며 루시드는 생존 기간을 수년 더 늘릴 수 있었다. 반면, 상장 후 시가총액이 10조 원이 넘어섰던 피스커는 추가 투자 유치에 실패하며 파산의 길로 접어들었다.

전기차 시장만의 문제는 아니며, 친환경 교통수단으로 불리며 사업을 확장하던 킥보드에도 한파가 불어닥쳤다. 사업 1년 만에 300개 이상의 도시에서 사업을 출시하며, 시가총액이 3조 원을 넘어 킥보드의 우버라 불리던 버드도 파산했다. 킥보드는 쉽게 제조할 수 있어 기술 경쟁력이 없고, 낮은 수입에 비해 이용자의 거친 사용으로 인해 파손 및 고장이 잦았다. 게다가, 역주행, 과속 같은 위험한 운전과 길 위에 아무렇게 방치된 킥보드로 인한 사고가 급증하자, 헬멧 의무화, 운전면허 필수와 같은 규제가 도입됐다. 심지어 교통질서 회복을 위해 도심 내 킥보드 운행을 금지하는 도시도 생겨났다.

킥보드 공유서비스는 회사가 킥보드를 모두 구매해야 하므로 사업 초기 대규모 투자 비용을 집행하고, 장기에 걸쳐 이용료 수입을 얻는 사업구조다. 위워크도 초기 건물 임차에 대규모 자금이 투입되고, 장기에 걸쳐 월세 수입이 분할 발생하여 파산할 수밖에 없었다. 반면, 공유서비스 중에 대규모 설비투자가 필요 없는 우버, 에어비앤비는 코로나로 인한 수요 감소에도 생존할 수 있었다.

일방통행로를 역주행하고, 인도에서 과속하며, 킥보드에 여러 명이 탑승하는 무질서한 운행으로 인한 사고가 끊이지 않으면서, 수백 건의 손해배상 소송도 제기되었다. 결국 현금이 고갈되고, 사업 정상화를 위한 지원은 밑 빠진 독에 물 붓기와 같은 상황에 놓이자, 더 이상 위험을 감내할 수 없어 파산하게 된 것이다.

모든 신생기업은 현금 고갈에 직면할 수밖에 없다. 세상에 없는 것을 만들어 내다보면 예상치 못한 고난과 장애에 맞닥뜨리게 되고, 그 과정에서 연구개발비 초과, 일정 지연은 너무도 당연한 일이다. 하지만, 이러한 위기가 일시적이거나, 극복할 수 있는 수준이라고 판단되면 추가 지원을 통해 위기를 극복할 수 있다. 가난한 예술가를 후원하던 르네상스 시대의 귀족처럼 충분한 자금 지원이 가능한 투자자를 보유했는지가 기업의 운명을 가른다.

시대를 앞서간
비운의 제품

시대를 앞선 비운의 발명가를 말할 때 빠지지 않는 사람이 니콜라 테슬라이다. 발전기, 원격조종기, 라디오 등 현대의 많은 제품이 그가 연구한 무선 전파나 에너지 전송과 관련되어 있다. 천재적 재능에도 불구하고, 시대를 너무 앞서간 급진적인 생각과 미숙한 사업 수완으로 인해, 말년에는 빚에 쪼들리며 쓸쓸히 생을 마감한다. 시대를 너무 앞서간 비운의 주인공에는 사람만 있는 것이 아니라, 제품도 있다.

우선, 낮은 제품 완성도로 인해 시장에서 사라진 GM의 전기차 EV1을 들 수 있다. 무려 30년 전인 1990년대에 전기차를 출시했으니, 시대를 앞서도 너무 앞서갔다. 지금이야 전기차, 전기 선박, 전기 오토바이가 보편화하면서 고성능 배터리를 쉽게 구할 수 있지만, 당시에는 전무했다. 어렵게 배터리를 구하더라도 주행 거리가 1백 킬로미터에 불과했고, 충전을 반복할수록 성능이 감소했다. 전기차 충전 인프라가 있을 리 없고, 배터리의 안전성도 담보할 수 없었다. 이로 인해, 전기차 출시 3년 만에 대규모 적자를 기록하며 전기차 사업에서 철수한다. 그로부터 10년이 넘어서야 테슬라의 전기차가 출현했으니, GM의 시장진출이 너무 빨랐음은 부인할 수 없는 사실이다.

다음으로, 고객이 선호하지 않아 시장에서 사라진 제품은 세그웨이다. 2001년에 출시된 세그웨이는 모양부터가 SF영화에서 나올 듯하다. 옆으로 나란히 두 개의 바퀴가 있는데, 자전거와 달리 스스로 균형을 잡아 쓰러지지 않는다. 핸들 같은 조정장치 없이 몸을 앞으로 숙이면 전진하고, 뒤로 젖히면 후진한다. 직관적인 사용법, 세련된 디자인, 혁신적인 기능으로 매년 수십만 대가 판매될 것이라는 전망이 쏟아진다.

하지만, 부시 대통령이 세그웨이를 타다가 넘어져 다치는 장면이 뉴스를 통해 전 세계에 보도된다. 이를 계기로 골절상, 전신마비처럼 세그웨이에서 떨어져서 생긴 수많은 사고 사례가 봇물 터지듯 쏟아진다. 조금 더 빨리 이동하기 위해 위험을 무릅쓰겠는가에 대한 대답은 너무나 자명하기에, 세그웨이는 소리 소문 없이 사라지게 된다.

한편, 페블은 휴대폰의 메시지 도착을 알려주고, 음악을 플레이하며, 운동량을 기록하는 스마트워치를 출시하며 화려하게 등장한다. 세그웨이가 얼리어답터에게 수천 대를 판매하는 데 그친 반면, 페블은 출시 첫해부터 수십만 대를 판매한다. 당시 핏빗, 나이키 같은 경쟁사의 스마트워치는 야외 활동을 즐기는 사람들이 착용하는 운동량 측정 기계에 불과했다.

그러나, 휴대폰의 기능 중 스마트워치로 연동되는 분야가 증가하면서 착용감, 배터리, 디자인에 대한 이용자의 기대치가 높아졌다. 애플은 이러한 기대에 부응하여 아이폰과 연동되는 고기능 애플워치를 출시하면서 야외 활동이 아닌 일상생활 기기로서의 제품을 재정의한 덕분에 천만 개가 넘는 판매고를 올린다. 반면, 샤오미는 필수 기능만 탑재하고, 흑백 디스플레이를 채택함으로써 배터리 사용 시간을 늘리고 가격을 낮춘 저가 전략으로 시장을 파고든다. 결국, 다기능의 고가제품과 단순 기능의 저가 제품으로 양분되면서, 페블워치는 설 자리를 잃게 된다.

마지막, 비운의 주인공은 위성전화기인 이리듐이다. 일론 머스크의 스페이스엑스가 통신위성으로 제공하는 서비스를, 휴대전화도 없던 1990년대에 출시하였으니 무려 30년을 앞서간 사업이었다. 모토로라는 이리듐의 원자번호처럼 77개의 인공위성을 발사하여 전 세계에서 통화 가능한 위성 전화 사업을 시작한다.

민간 로켓도, 휴대폰도, 국제전화 로밍도 없던 시절이니 위성통신 인프라 구축에 막대한 비용이 소요되었음은 두말할 필요가 없다. 비용을 회수하려다 보니, 위성전화기 가격만 수백만 원에 달했고, 통화료는 1분에 만 원이 넘었다. 전화기의 크기가 신발보다 커서 휴대에도 불편했으며, 통신위성이 부족하다 보니 통화품질도 좋지 못했다.

지금의 스타링크는 고품질의 서비스를 월 14만 원의 합리적인 가격에 제공한다. 여행과 비즈니스 목적으로 전 세계를 넘나드는 사람이 늘면서, 로밍 없이 사용할 수 있는 편리성 덕분에 위성 전화 사용자가 급증하고 있다. 반면, 당시의 이리듐은 첨단 기술임은 분명했지만, 비싼 돈을 내고 사용하려는 소비자가 없었기에, 모토로라는 수조 원의 인프라 구축 비용을 회수하지 못하고 최후를 맞이하게 된다.

앞서 살펴본 캐즘처럼, 이전에 없던 새로운 제품이 출시되면 소수의 마니아와 미디어에서 찬사가 쏟아진다. 하지만, 신기함과 호기심은 한순간의 환호에 지나지 않는다. 제품이 흥행하려면 제품의 완성도가 높아 고성능을 시현하고, 가격이 저렴하여 가성비도 높으며, 대다수가 필요성과 효용성을 인정하는 대중성도 갖춰야 한다.

찢기고 구겨져도
가치는 불변

⋮

지갑 속에 신용카드 로고를 살펴보면 대부분 비자 아니면 마스터일 것이다. 하지만, 워런 버핏이 코로나 기간에도 주식을 팔지 않고 60년 가까이 투자하고 있는 신용카드회사는 아멕스다. 아메리칸 익스프레스의 약자인 아멕스는 이름에서 알 수 있듯이 운송회사였다. 골드러쉬 때 물밀듯이 밀려드는 사람만큼이나 물건 배송도 늘어났는데, 아멕스는 배송 물품이 분실되면 보상하는 서비스를 제공하며 인기를 끈다. 이 과정에서 신용이 사업 아이템이 될 수 있다는 것을 깨닫고 여행자수표와 전신환으로 사업을 확장한다.

유럽 이민자는 미국에서 벌어들인 돈을 본국의 가족에게 송금했는데, 돈을 우편으로 발송하면 분실의 위험이 있었다. 대신,

아멕스에 돈을 맡긴 후 영수증을 발급받아 송부하면, 수신자는 본국의 아멕스에 방문하여 소유주임을 확인하고 안전하게 돈으로 바꿀 수 있었다.

국경을 넘나드는 사업가와 여행객이 증가하면서 도난이나 환전 위험을 예방하기 위한 여행자수표 사업도 호황을 맞는다. 고객으로서는 돈의 분실 위험이 없어 안전하고, 아멕스로서는 고객이 환전하기 전까지 자금을 무료로 운용하며 투자수익이 가능한 원원사업이었다.

호사다마일까? 사업이 승승장구를 이어갈 때 대형 악재가 터진다. 아멕스는 고객사가 맡긴 샐러드오일을 보관 중이라는 영수증을 발급했는데, 알고 보니 바닷물을 맡긴 후 보관영수증으로 대규모 대출사기를 벌인 것이다. 아멕스 주가는 폭락했고, 피해자에게 보상금을 지급하면 파산할 수 있는 위기 상황이었다.

워런 버핏은 아멕스의 주식을 대량으로 매수하여 최대 주주가 된 후, 피해 보상금 지급에 반대하는 주주를 설득한다. 금융회사의 핵심 가치는 어떤 상황에서도 고객과의 약속을 지키는 것이며, 당장의 손실을 축소하기 위해 신뢰를 저버리면 사업도 파산할 것이라고 설명한다. 그의 노력 덕분에 사건이 해결되고, 아멕스는 끝까지 신뢰를 지키는 기업이라는 이미지가 구축되면서 부유층 고객이 급증한다.

지금도 아멕스의 블랙카드는 수천만 원이 넘는 가입비와 엄격한 자격 심사를 거쳐야 함에도, 세계적인 유명인들의 가입신청이 줄을 이룬다. 최상위 소비자는 경기 불황과 상관없이 높은 소비를 하는 충성스러운 고객이기에, 아멕스는 지금도 여전히 워런 버핏이 보유한 주요 회사 중 하나다.

하이테크 기업은 성장하는 동안 기술 실패, 판매 부진, 특허소송 등 수많은 악재를 겪게 된다. 이로 인해 비용이 증가하고, 자금이 고갈되고, 계약이 파기되는 피해가 발생한다. 하지만, 악재가 일시적이라면, 수습할 수 있는 것이라면, 본질가치가 훼손되지 않은 것이라면, 시간이 지나면서 위기는 극복되고 기업은 본래의 가치를 회복할 수 있다. 찢기고 구겨져도 지폐의 가치는 변하지 않듯이 말이다.

단순함의 미학

나비효과는 나비의 날갯짓 같은 사소한 차이가 엄청난 결과의 변화를 불러오는 현상이다. 미국의 과학자가 컴퓨터를 이용한 기상 환경 실험에서 평소와 달리 소수 셋째 자리까지만 입력하자, 브라질에서 나비의 날갯짓이 텍사스에 토네이도를 일으키는 황당한 일이 발생한 것이다. 사소한 입력 차이가 광범위하게, 장기간, 반복적으로 계산되면, 오차도 대규모로 증폭되기 때문이다.

DCF, PER, PBR처럼 주식시장에는 기업의 미래가치를 계산하는 다양한 방식이 존재한다. 하지만 매출, 판매원가, 관리비 같은 다양한 항목에 많은 가정을 수립하다 보니, 입력값이 조금만 조정되거나, 어떤 회사를 비교 대상으로 계산하느냐에 따라 기업가치는 천차만별이 된다. 게다가, 하이테크 기업은 매출이 미미하여, 현재의 매출 실적에 수많은 가정을 추가한들 미래가치를 정확히 예측할 수 없다. 수조 원의 기업가치로 평가받던 많은 유니콘이 갑작스럽게 파산하는 사례가 이를 증명한다.

오컴의 면도날은 현상을 설명할 때 불필요한 가정을 하지 말고, 간단하게 설명하라는 뜻이다. 영국의 가톨릭 신자였던 오컴은 중세의 철학자와 신학자들의 복잡한 논쟁을 보면서, 면도날로 불필요한 가정을 잘라내듯 간결하게 하자고 제안했다. 그 후, 논리학, 과학 등에서 논리의 타당성을 검증할 때, 같은 조건이라면 단순한 것이 더 낫다는 의미로 사용된다.

수많은 가정으로 복잡하게 미래 기업가치를 추정한다 해도, 작은 오차가 장기간 누적 계산되면 결괏값은 무의미해진다. 따라서, 복잡한 추측보다는 로드맵과 성과를 비교하는 단순 작업이 훨씬 효과적이다. 최초의 로드맵과 현재 진행 중인 기술 및 제품 개발 단계를 비교하여, 일시적인 지연인지, 일정표를 완전히 벗어난 이탈인지를 파악하여 그에 맞게 대응하면 된다.

오래된 맛집의 공통점은 메뉴가 단출하다는 것이다. 핵심적인 요리 외에 밑반찬이 다양하지 않고, 상차림도 간결하다. 단순함의 미학은 핵심에만 집중하는 것이며, 완벽함은 더 이상 추가할 것이 없을 때가 아니라, 더 이상 뺄 게 없을 때 완성된다.

에필로그

하이테크 기업은 한순간에 파산하여 투자금을 모두 잃을 수 있는 위험한 투자 대상이다. 그런데도 많은 사람이 투자하는 것을 보면, 막대한 수익을 바라는 과욕만으로는 설명되지 않는다. 오히려, 아무도 가지 않은 길을 개척하며, 수많은 실패에도 좌절하지 않고, 기술개발에 인생을 건 사람에 대한 존경과 경외심이 중요한 투자 이유 중 하나다.

미지의 우주를 탐험하겠다는 집념 하나로 로켓 개발에 인생을 건 기술자, 불치병을 치료하기 위한 신약 개발에 몰두하는 의학자, 사람을 대신하여 힘들고 어려운 작업을 하는 로봇 개발자 등 혁신적 미래를 위해 고군분투하는 이들의 노력이 열매를 맺는 데 함께 하고 싶은 바람 때문이다. 뛰어난 재능과 지식이 없어 직접 기술을 개발할 수는 없지만, 그들이 만드는 세상과 우리가 바라는 세상이 다르지 않기에, 그 꿈을 응원하기 위해 투자하는 것이다.

러시아 과학자인 콘드라 듀크는 제2차 세계대전의 참호 속에서 달 탐사 방법에 관한 연구에 몰두한다. 지구 궤도를 돌며 우주선의 속도를 높이고, 달 궤도에서 우주선을 분리하여 착륙선만 달에 착륙하고 재이륙하여 도킹하는 방법을 생각해 낸다. 그의 연구를 바탕으로 아폴로 11호는 인류 최초로 달 착륙에 성공한다. 지구로 돌아온 닐 암스트롱은 그가 살았던 집을 찾아가, 무사 귀환을 가능케 해 준 그에 대한 존경과 감사의 의미로 집 앞의 흙을 떠 와서 평생 간직한다. 총알이 빗발치는 참호 속에서도 그가 달 탐사에 몰두한 것은 부귀영화가 아닌 우주에 대한 호기심과 열정 때문이었다.

투자가 아니어도 좋다. 여러분도 취미든 특기든 평생을 바쳐 완성하고 싶은 꿈을 찾기 바란다. 꿈을 이뤄낸 자신을 상상하면 가슴이 뛰고, 웅장해지는 그런 꿈 말이다. 평생 노력해도 정복하지 못할 꿈이더라도 헛된 것은 아니다. 먼발치에서도 응시할 수 있는 꿈은 길을 잃지 않는 이정표가 되고, 힘든 순간을 견디며 나아가는 원동력이 된다. 기술적 한계와 시장 환경의 변화로 아쉽게 기술개발에 실패할 수 있듯이, 끝내 꿈을 이루지 못하게 되더라도 괜찮다. 목표를 달성한 전문가는 되지 못해도, 상당한 수준의 고수가 되어 있을 테니 말이다.

무엇보다 꿈을 이루기 위해 희망과 기대를 갖고 활기차게 살아온 경험은, 다른 꿈에 도전할 때 좋은 자양분이 될 것이다. 그렇게 계속 도전하고 성취해 나갈 것이기에, 우리 생애 최고의 날은 아직 오지 않았다. 여러분의 십년 후 꿈을 응원한다.

어떻게 빅테크가 되는가

초판 1쇄 인쇄 2025년 6월 25일
초판 1쇄 발행 2025년 7월 3일

지은이 오재화
발행인 전익균

이사 정정오, 윤종옥, 김기충
기획 조양제
편집 김혜선, 전민서, 백서연
디자인 페이지제로
관리 이지현, 김영진
마케팅 (주)새빛컴즈
유통 새빛북스

펴낸곳 도서출판 새빛
전화 (02) 2203-1996, (031) 427-4399 **팩스** (050) 4328-4393
출판문의 및 원고투고 이메일 svcoms@naver.com
등록번호 제215-92-61832호 **등록일자** 2010. 7. 12

값 22,000원
ISBN 979-11-94885-01-6 03320

* 도서출판 새빛은 (주)새빛컴즈, 새빛에듀넷,새빛북스,에이원북스,북클래스 브랜드를 운영하고 있습니다.
* 파본은 구입처에서 교환해 드리며, 관련 법령에 따라 환불해 드립니다.
  다만, 제품 훼손 시에는 환불이 불가능합니다.